图说
罗马人的故事
ROMAN EMPIRE

ALL ABOUT HISTORY　萤火虫

[英]珍·尼尔 编著
崔学森　李应鹰 译

中国画报出版社·北京

图书在版编目（CIP）数据

图说罗马人的故事 / (英) 珍·尼尔编著；崔学森，李应鹰译. -- 北京: 中国画报出版社, 2022.7（2023.9重印）

书名原文: ALL ABOUT HISTORY: Roman Empire

ISBN 978-7-5146-2057-3

Ⅰ.①图… Ⅱ.①珍… ②崔… ③李… Ⅲ.①古罗马 - 历史 Ⅳ.①K126

中国版本图书馆CIP数据核字(2021)第273894号

Articles in this issue are translated or reproduced from All About History Book of Roman Empire Second Edition and are the copyright of or licensed to Future Publishing Limited, a Future plc group company, UK 2022. Used under licence. All rights reserved.

北京市版权登记局著作权合同登记号：01-2021-4947

图说罗马人的故事

［英］珍·尼尔 编著　崔学森　李应鹰 译

出 版 人：方允仲
责任编辑：石曼琳
责任印制：焦　洋

出版发行：中国画报出版社
地　　址：中国北京市海淀区车公庄西路33号　邮编：100048
发 行 部：010-88417418　010-68414683（传真）
总编室兼传真：010-88417359　版权部：010-88417359

开　　本：16开（787mm×1092mm）
印　　张：13.25
字　　数：205千字
版　　次：2022年7月第1版　2023年9月第4次印刷
印　　刷：北京汇瑞嘉合文化发展有限公司
书　　号：ISBN 978-7-5146-2057-3
定　　价：75.00元

欢迎走进罗马帝国

公元前753—公元476年

伟大的罗马元老院议员、历史学家普布里乌斯·克奈里乌斯·塔西佗曾言："伟大的帝国绝非建立在胆怯之上！"罗马帝国无疑是这句话绝好的证明，它以残暴却高效的方式统治领土和边疆，成为历史上的伟大帝国。保守估计，罗马帝国全盛时期所辖人口在5000万到6000万，最新调查显示，实则可能达到7000万至1亿。罗马初为城邦，后演变为共和国，这使研究古罗马生活的学者们步履维艰，但罗马人竭力记录下他们的生活和军事成就，留下诸多史料，为我们的研究提供了帮助。事实上，古罗马可谓现代文明的摇篮，它灿烂的文化、浪漫的神话和复杂的政治制度影响至今，吸引并激励着大众。罗马文明经受住了时间的考验，充满着传奇色彩。让我们随本书一起，共探这个伟大帝国的兴衰。

目 录

探索世界上最具标志性的
帝国之一的丰富历史

7	罗马的传奇
18	罗马帝国的崛起

罗马人的生活方式

22	罗马人的生活方式
32	罗马房屋
35	元老院的诞生
42	如何成为罗马执政官
46	罗马的发明
51	罗马留下的遗产
57	古罗马的底层社会
64	鲜血、勇气和角斗士
72	马克西姆斯竞技场
74	战车手的一天

罗马的伟人和皇帝

79	罗马帝国的王朝更迭
82	恺撒的掌权之路
94	3月15日
96	罗马之音：马尔库斯·图利乌斯·西塞罗

103　十个最卑鄙的古罗马人
114　罗马之石：尤利亚·玛伊莎女皇
120　君士坦丁的十字军东征

罗马的神话与宗教

128　护家神和家庭信仰
136　万神殿
139　罗慕路斯与雷穆斯
146　神谱
148　神话中的少女
153　罗马的密教

罗马的军事实力

163　恺撒入侵不列颠
174　攻打罗马
184　三世纪危机
195　加泰罗尼亚平原之战
198　罗马帝国的最后一战

理论上来说，罗马帝国仅是古罗马历史上一个相对较短的时期——在此之前，它曾先后是一个王国和一个共和国。

罗马的传奇

从偏居一隅的弹丸小国到称霸一方的雄伟帝国，
罗马一步步发展壮大，在历史上留下了浓墨重彩的一笔。

如今的罗马是风景旖旎的旅游胜地，到访的人们是携带相机的旅行者而非异族的军队。古代的罗马则是文明的中心，无论国家形式是王国、共和国还是帝国，古罗马都是皇冠上的宝石，这个强大的国家永远地改变了历史，重新定义了战争的准则，革新了现代基础设施，首开中世纪的大门。

和其他大国一样，罗马也在世界范围内划分版图。从不列颠寒冷的海岸到巴勒斯坦和埃及温暖的沙滩，罗马建立了一个令人瞩目的帝国，但它在每一个关键时刻都会引来争斗。古代世界令人胆战心惊——到处都是瘟疫、风暴和野外部族频繁的争斗——但它仍是一幅罗马以独树一帜的文明将其渲染的画卷。

罗马最开始只是一个弹丸小国。它由意大利的"氏族"或宗族构成，在新国王的带领下同力协契，雄心勃勃地勾画着建立新国家的蓝图。在此基础上，一些标志性的罗马概念得以出现，最值得一提的就是元老院的诞生：在接下来的很长时间内，渴求民主的人民与纷至沓来的独裁统治者们一直处在明争暗斗之中。

罗马把自己塑造成国家最引以为傲的首都：希腊人和伊特鲁里亚人建造的柱子和宏伟壮观的设计自成一格，从罗马的市政建筑到横跨王国的道路，比比皆是。国王们的荒唐之举令罗马迅速转变政体，开启新时代——罗马共和国。共和国以应对冲突和入侵的名义，建立了一支有组织、有纪律、战无不克的军队——罗马军团，并以此为基础建立起民主的光辉灯塔。罗马军团是共和国征服已知世界的一记重锤，但他们在随后的危机中将国家带到分崩离析的边缘。民主带来伟大的罗马，也为挟势弄权者敞开大门，盖乌斯·尤利乌斯·恺撒的行动将罗马转变为一个新的国家，一个再次专注于征服世界的国家，一个帝国——由渴望重塑形象的皇帝执掌大权。罗马帝国日渐崛起，空前强大，尽管它在工程领域的创新和进步显著（大多在未来的中世纪黑暗时代覆灭），但罗马帝国却试图将瞬息万变的世界统一在同一体制下。因此它注定被另一个伟大的帝国取代……

古罗马元素

从宗教、艺术到奴隶制和基础设施的应用，古罗马是一个以其特有方式运作的社会。

古罗马在许多方面都领先于时代，尽管它沿用了许多古老的风尚，这些意大利的伟人依旧致力于上下求索。开疆拓土对于元老院和不断更迭的罗马领导者来说至关重要。士兵是征服异邦的根本，开拓新领地并同化其人民是驱动这台国家机器的燃料。这一循环过程令罗马军团迅速膨胀，古罗马开始以风驰电掣般的速度扩张领地。

伴随疆土的扩张，工程师们革旧图新，对当时的设施进行改造。巨大的输水管道给人们带来了自来水，新铺好的道路（带斜坡的道路可以排走雨水）四通八达，贯穿整个王国，就像一个混凝土铸成的神经系统。这些道路助长了奴隶贸易，罗马经济蓬勃发展——这与未来几个世纪其他帝国发展的道路如出一辙。

奴隶贸易逐渐渗透到罗马社会的享乐主义阶层，这激起了国民对血腥运动的狂热。人们热爱从戏剧到文学作品等一切艺术形式。这是一个表达的时代，现实世界与部落式的神明和祈祷无缝融合。

宗教

罗马人认为宗教有实际用处。宗教几乎影响了他们生活的方方面面，不是因为他们特别虔诚，而是因为这些是他们生活的一部分。罗马人认为，他们做的每一件事都需要神的祝福和庇佑，因此他们在做事之前会进行祭祀祷告。主持每日的祭祀仪式是一家之主的职责，他们向朱庇特或萨图努斯[①]献祭。同样的做法也适用于军队，军人们会在战前向玛尔斯[②]祈祷。

罗马宗教的许多元素都来自外部，来自希腊习俗和伊特鲁里亚神话的概念与罗马仪式交织在一起。祈祷和祭祀更多的是出于生活需求，而不是宗教因素。对政府来说，宗教也十分具有代表性——官方为了应对不祥的预兆并为新皇帝带来好运而设立了宗教学院。

士兵是征服异邦的根本，开拓新领地并同化其人民是驱动这台国家机器的燃料。

---

① 朱庇特：罗马神话中，神域与凡间的众神之王。萨图努斯：罗马神话中的农神。——本书脚注中未标"译者注"的为编者注。
② 玛尔斯：罗马神话中，国土与战争之神。

▲ 在罗马帝国时代，元老院几乎没有实权，皇帝独揽政治大权

政府

提及古罗马，我们总会想到一群穿着白色长袍的人在会议广场上争论时政；皇帝一手指挥军队，一手预防政敌的暗杀。事实上，罗马人历经了诸多不同的政府形式，但元老院却始终矗立在那里。公元前753年罗马王国建立之初，元老院应运而生，它是父权制社会的产物，甄选名门望族里德高望重、足智多谋之人负责监督制定法律，并代表人民进行审议和辩论。

在共和国的伪装下，罗马"民主治理"的目的达到了，平民（普通公民）通过元老院跻身于最高权力等级。但随着"三头同盟"（三个人在政府中争夺权力）和帝国的最终崛起，罗马再次回归一人专权的时代。

▲ 罗马的道路网是其最卓越的成就之一，其中一些迄今仍在使用

基础设施

对于罗马人来说，维持基础设施结实牢固和开展军事行动同样重要。罗马是王国、共和国和帝国时期的皇冠之宝。身为其他地区的表率，罗马政府用精雕细琢的石块建造建筑物，这种艺术方式在罗马建筑中居于重要地位。

罗马人无法在污泥浊水中过上锦衣玉食的生活，作为一个有自尊心和进取心的国家，罗马建造了巨大的引水渠，把地下的淡水资源一路引回罗马。这些地下陶制管道和地上通道（通常兼作桥梁）只利用重力，便将这种赋予生命的资源引入首都。

除此之外，我们不得不提那些令人叹为观止的道路网体系，它们取代了几个世纪前伊特鲁里亚人修建的土路和简易车道。罗马人用水泥和碎石将罗马置于一个巨大网络的中心，这个网络甚至延伸到了不列颠。

娱乐

罗马人热衷于庆祝，经常建造竞技场和圆形剧场。罗马斗兽场（也称"弗拉维圆形剧场"）建于公元70年至80年之间，是罗马最宏伟壮观的娱乐中心。它可以容纳大约5万名观众，甚至还有一个硕大的帆布棚顶，可以在天气炎热时拉起来。

罗马竞技场使我们对角斗有了更深入的了解。这项运动风靡全罗马。从名誉扫地的士兵到孔武有力的奴隶，他们以娱乐的名义互相残杀。这里经常重演一些伟大的战役，专业的战士也参与进来，以确保历史在竞技场得以如实重现。

战车比赛是另一项风靡一时的娱乐方式，但它往往会变成血腥的战车碰撞。暴力是罗马成为大国的手段，因此，当罗马人寻求娱乐时，似乎只有这种活动才能满足罗马公民的欲望。

▲ 罗马有很多圆形剧场和竞技场，尤其在城市周边

艺术

▲ 罗马人的雕塑

罗马人是一个表现力极强的民族，我们可以从他们创造的马赛克、雕塑、陶器和建筑中窥见这一点。罗马艺术是诸多文化的熔炉，罗马人格外倚重希腊文化，对罗马柱式建筑和白色石像产生了举足轻重的影响。希腊人和伊特鲁里亚人一样，先于罗马人倾情于壁画和青铜雕像。

在共和时代，艺术成为表达个人立场的方式。国家会委托专人在城市周围创作以军事成就为题的壁画和雕塑，富人则为自己雕塑胸像以求永垂不朽。但多数人选择以衰老的面容示人，以展现一位为共和国献身之人的形象。罗马艺术是地位的象征，特别是在帝国时代，当皇帝试图与罗马的过去重建联系时，"古典"风格（希腊风格）再度兴盛。

军事

对罗马人来说，军队是其扩张和维持长治久安必不可少的部分，这种强大的力量统治了西方世界超过1000年。罗马军队堪称组织和纪律的典范，也是历史上最骇人听闻的力量之一。罗马军队坚信自己是战神玛尔斯的后裔，他们把这种不朽的信仰带到战场上，令他们看起来坚不可摧。

对军队的维护渗透到罗马社会的各个方面。这使人们认识到，要积极鼓励妇女生育，以增加男孩出生的机会。青年应该参军服役，有经验的长者理当加入军团，以罗马的名义履行职责。

罗马人与他族的区别在于他们坚不可摧的纪律性。从行军队形到架盾，士兵们需要日复一日地训练，罗马将军们要一而再、再而三地检查战争的每一个要素——营地、武器和战术，这使得罗马的军队成为传奇。

奴隶制

拥有奴隶（可以在整个罗马及其领土范围内的市场上买到奴隶）是上层家族中地位和权力的象征。年轻的男孩或男人是最昂贵的，因为他们可以承担多项职责。奴隶大多来自被征服的土地，共和国时期军队几乎一直处于扩张状态。

据不完全统计，在罗马帝国鼎盛时期，奴隶大约占人口的25%。我们很难证实豪门贵胄一家到底有多少奴隶，但据说能达到数百人。

我们往往错误地认为每个奴隶都过着饥寒交迫的生活。事实上，奴隶是一项昂贵的投资，他们的衣食等待遇都得小心安排。那些有特殊技能的奴隶，比如厨师，也受到高度重视，过着舒适的生活。

▲ 奴隶可以组建家庭，但是奴隶妇女所生的孩子也会成为主人的奴隶

罗马王国
公元前753—公元前509年

罗马建立 / 罗慕路斯称王
公元前 753 年
罗慕路斯将军麾下的军队是所有交战的部落和氏族中最强大的。他自封为王，组建了元老院的前身，由于意大利根深蒂固的父权结构非常器重睿智的长者，所以罗慕路斯挑选了约100位名门中德高望重的老者进入元老院。元老院的首要职责是处理王国的日常事务。罗马的首部法典和第一批常备军队就是在此基础上形成的。

▶ 罗慕路斯和他的兄弟雷穆斯的故事充满了传奇和神话色彩

开启过渡时期
公元前 716 年
罗慕路斯"逝世"后，根据元老院的命令，罗马进入了"过渡时期"。在不到一年的时间里，传统政府不复存在，前国王死亡，下一位国王尚未确定。罗马王国的民主原则规定，只有元老院或类似的机构才有权立王，因此在这一年中，十个不同的人接二连三地尝试"统治"这个王国。元老院以此为据，挑选其中一位继任为王。

▶ 并不是每一次王位更替都会经历过渡时期：第六位国王被谋杀后，他的继任者迫不及待地登上了王位

罗马的建筑风格在18世纪的新古典主义风格中延续至今。

罗慕路斯去世
公元前716年
罗慕路斯在一场暴风雨中离奇失踪。有传说称他是被谋杀的，但事实上，罗马当时已群龙无首。

托里斯·奥斯蒂吕斯成为国王
公元前673年
在短暂的临时执政期之后，候选人托里斯·奥斯蒂吕斯继位。奥斯蒂吕斯与崇尚和平的前任国王截然不同，他是一位热衷于对外扩张的君主。

托里斯·奥斯蒂吕斯逝世
公元前642年
随着罗马疆界的空前扩张，好战的托里斯·奥斯蒂吕斯与世长辞。他与罗慕路斯的统治能力不分伯仲。

753 BCE — 716 BCE — 715 BCE — 673 BCE — 667 BCE — 642 BCE — 617 BCE

努玛·庞皮利乌斯被选举为王
公元前715年
元老院推举萨宾贵族努玛·庞皮利乌斯为新国王，过渡期由此结束。根据罗马历史学家普鲁塔克的记载，庞皮利乌斯诞生于罗马建国日。

努玛·庞皮利乌斯逝世
公元前673年
庞皮利乌斯在位期间，为罗马修建了包括一众庙宇在内的诸多宗教建筑。

安古斯·马奇路斯逝世
公元前617年
公元前617年，罗马的第四位传奇国王安古斯·马奇路斯辞世。他在位期间续写了努玛·庞皮利乌斯在罗马宗教基础设施方面的辉煌政绩。

拜占庭建立
公元前 667 年
公元前667年前后，拜占庭帝国成立，它最终见证了罗马的灭亡。据传，拜占斯从临近古雅典的城邦迈加拉起航创建拜占庭。拜占庭作为黑海的唯一入口，凭借稳定繁荣的贸易成为国富民强的大国。

◀ 拜占庭从无足轻重到成为罗马的首都

库里亚大会推举安古斯·马奇路斯为王
公元前 642 年
同王政时代的诸多国王一样，托里斯·奥斯蒂吕斯与其继任者间也处在一个过渡时期。选举新国王期间由临时执政者①统治。元老院先筛选出合适的候选人，再由罗马公民投票选举心目中的统治者。负责任命新领导人安古斯·马奇路斯的立法机构被称为"库里亚大会"。

① 临时执政者（interrex）：王位空位期间或政府更替时期的临时统治者。——译者注

▲ 库里亚大会由普通公民组成，据罗马法规定，他们聚在一起票选出新国王

罗马会议广场建成
公元前 600 年

古罗马会议广场是罗马史上最重要的场所，它是元老院所在地，也是主要法律条文的颁布地。在卢修斯·塔克文·普里斯库斯的统治时期，会议广场建成完工。从建立排水工程到简单的庙宇，先前的统治者都曾来过此地巡礼。普里斯库斯的贡献是施工完成了主要的矩形建筑，并铺设了整个广场。这一广场堪称罗马民主的心脏，在历史的进程中发挥了极大的作用。

▼ 罗马会议广场至今仍屹立不倒，是这座城市最具标志性的建筑之一

推翻罗马君主制
公元前 509 年

国王之子凌辱妇女卢克里莎一事，成为这场积年甚久的政治暴乱的导火索。暴君卢修斯·塔克文·苏佩布为政暴虐，独断专横，引起罗马公民和元老院的强烈不满。由于塔克文十分痴迷于建筑工程，几乎耗空了皇家金库，且在军事上决断愚昧（更多的是基于提升个人地位而非改善王国），人民发动了起义，将塔克文驱逐出境并推翻了君主制。

▶ 君主制的推翻导致了共和国的成立

古老的拉丁语碑文
公元前600年

最早的书面拉丁文可以追溯到公元前600年左右，那时罗马人开始积极地记录他们的法律。

马克西姆下水道完工
公元前578年

马克西姆下水道是在普里斯库斯的指导下建造完成的，它是首条在罗马市中心建造的下水道。有人认为这一下水道曾有过更原始的样子[①]，但这是第一个真正意义上的成品。

图利乌斯修建城墙
公元前550年

图利乌斯继位后，当机立断在罗马建设城墙，这是罗马统治者修建的首个防御工事。

▲ 卢克里莎因被强奸而自杀身亡

616 BCE | 600 BCE | 579 BCE | 578 BCE | 575 BCE | 550 BCE | 535 BCE | 509 BCE

克文·普里斯库斯成为国王
前616年

心勃勃的政治家塔克文·普里斯库斯是王政时代公民推举选出五位国王。

塞尔维乌斯·图利乌斯为王
公元前575年

塞尔维乌斯·图利乌斯担任了一段时间的摄政王后晋升为国王。元老院一致认为塞尔维乌斯·图利乌斯是合适的候选人，并推举他为第六任国王（伊特鲁里亚后裔的第二任国王）。

推翻君主制并建立共和制
公元前509年

卢修斯·塔克文·苏佩布本就是一个声名狼藉的国王，暴虐程度远近闻名，他的儿子塞克斯都玷污贵族妇女卢克里莎的消息一出，就使罗马陷入了混乱之中。

普里斯库斯死于暴乱
公元前 579 年

卢修斯·塔克文·普里斯库斯是罗马史上首位死于谋杀的国王，他在前国王安古斯·马奇路斯之子组织的暴乱中命丧黄泉。据传，安古斯·马奇路斯的儿子们认为应该由他们继承王位，所以在人民中策划了一场暴乱，混乱中，普里斯库斯的头部遭到重创。据说，普里斯库斯的妻子发现丈夫只是受了伤并没有死，于是利用这段时间任命伊特鲁里亚人塞尔维乌斯·图利乌斯成为摄政王。

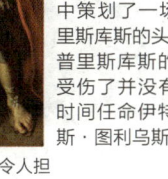

▲ 几年后普里斯库斯的谋杀案呈现出令人担忧的趋势

▲ 塞尔维乌斯·图利乌斯推动完善国家的金融和军事基础设施

塞尔维乌斯·图利乌斯遇刺身亡
公元前 535 年

继普里斯库斯的谋杀案后，另一个令人担忧的趋势是，国王塞尔维乌斯·图利乌斯也在统治罗马44年后被亲生女儿塔利娅及其丈夫卢修斯·塔克文·苏佩布暗杀。图利乌斯策划了多项改革，是一位受人爱戴的国王。卢修斯·塔克文·苏佩布说服元老院推举他为国王，他是罗马第七位也是最后一位国王。此后，罗马史上最臭名昭著的统治由此开始了……

---

① 公元前6世纪左右，伊特鲁里亚人挖掘了排入台伯河的下水道，继主干道宽度超过4.87米，尔后又为罗马人扩建。——译者注

罗马共和国
公元前509—公元前27年

● **罗马共和国成立**
公元前509年
人们推翻君主制且驱逐卢修斯·塔克文·苏佩布后，元老院建立了新的共和国。在新的政体下，两位"执政官"作为最高权力者共同治理国家，每个执政官任期一年。共和制政体确立后，元老院和市民会议被赋予新的权力，公民权和影响力逐渐凌驾于统治国家的法律之上。根据法令，罗马永不承认国王，并选举卢修斯·朱尼厄斯·布鲁特斯和卢修斯·塔克文·科拉提努斯为第一任联合执政官。

▼ 左边是卢修斯·朱尼厄斯·布鲁特斯，他身处扈从（执政官的保镖）中间

● **赛农人洗劫罗马**
公元前390年
公元前390年，罗马遭受了有史以来最严重的国难——赛农人进军罗马并将其洗劫一空。赛农是一个入侵意大利北部的高卢部落。据传，7月18日，罗马人与赛农人开始交锋。尽管罗马人在对抗外族入侵时取得了成功，但凶悍的赛农人几乎将他们彻底击溃，赛农人长驱直入，攻入罗马。赛农人发现，这座城市基本上没有设防，因此开始谋杀城内的诸多老者，他们将建筑夷为平地，尽其所能地掠夺一切。最后，一个叫卡米卢斯的罗马将军带着一支救援部队到达，彻底击败了赛农人。

▶ 罗马人几乎不得不在卡米卢斯及其军队到达之前向赛农人行贿以恳求他们离开

席尔瓦·阿莱西亚之战
公元前509年
在席尔瓦·阿莱西亚战役中，共和军与被废黜流放的塔克文国王的忠实拥护者狭路相逢。塔克文的部队兵败将亡，但卢修斯·朱尼厄斯·布鲁特斯也在战斗中一命呜呼。

贵族和平民通婚合法化
公元前445年
另一项旨在培养高级贵族和普通平民之间平等意识的举措是：两个阶层之间的通婚合法了。

罗马士兵开始挣工资
公元前396年
在罗马史中，得益于军队长期对外侵略所获得的财富，罗马士兵第一次拥有稳定的工资收入。

第一任平民执政官
公元前337年
尽管贵族和平民之间存在着政治斗争，但第一任平民执政官还是出现了。

509 BCE　501 BCE　449 BCE　445 BCE　443 BCE　396 BCE　390 BCE　337 BCE　293 BCE

公民大会被赋予新的权力
公元前449年
随着民主意识的日益增长，罗马公民大会（以前被称作市民大会）拥有了协助制定罗马法律的权力。

设立执政护民官
公元前443年
设立执政护民官的办事处。这是一个由三方议事所组成的委员会，他们手握执政官之权，解决平民和贵族之间的权力纷争。

进行罗马人口普查
公元前293年
公元前293年左右，监察官进行了一官方性质的人口普查，结果显示，罗马的人口数已经膨胀到大约30万人。

元老院颁布独裁官制度
公元前501年
尽管过去一人独揽大权的政体让这个国家举步维艰，但元老院还是决定出台紧急状态法，在危机时刻向个人授予临时最高行政权力，即元老院独裁官。萨宾人入侵的威胁迫在眉睫，此时，元老院从提图斯·卢克莱修和普图姆斯·科弥尼乌斯·奥卢斯中推选前者就任独裁官。

▲ 萨宾人与罗马之间旷日持久的对抗

罗马成功阻止高卢人入侵
公元前225年
公元前225年的泰拉蒙战役阻止了潜在的灾难性的高卢人入侵。罗马与意大利北部少数高卢部落缔结和平契约。然而，一个新的高卢联盟却漠视这一和平契约，开始进意大利北部的罗马。在执政官盖乌斯·阿提利乌斯·雷古鲁斯和卢修斯·米利乌斯·帕普斯的指挥下，罗马军队向泰拉蒙进军，击败高卢人，扩大了罗马的影响力。

▲ 这对高卢人来说是一个巨大的损失，大约有4万人被杀，另外1万人被俘后卖为奴隶

阿劳西奥战役
公元前 105 年

阿劳西奥战役是罗马最惨痛的战败之一,也是执政官之间关系的转折点。它还导致了许多重要的改革。这场战役开始时,一个庞大的高卢部落,即辛布里人,开始在高卢地区迁移,导致了部落等级体系的不平衡。随着辛布里人数的增加,两支军队在执政官昆图斯·塞尔维利乌斯·卡埃皮奥和执政官奈乌斯·马尔利乌斯·马克西姆斯的指挥下前去迎战。然而,两位领导人之间的战术分歧带来了灾难性后果,致使超过 10 万名罗马士兵战死沙场。

▲ 阿劳西奥战役的失败给罗马敲响了警钟,并导致了重大的改革

▲ 恺撒之死导致了内战和帝国的形成

恺撒被暗杀
公元前 44 年

在他被暗杀之前,尤利乌斯·恺撒已经从执政官和前三头同盟的成员一跃成为这个国家最有权势的人。他并不是人们认为的皇帝,而是一个执政官,他在公元前 49 年被元老院票选为执政官,然后又在公元前 45 年再次当选。随后,元老院通过了一项使他成为终身独裁官的表决,这一结果使许多没有投赞成票的议员担心恺撒会自拥为王。3月3日,一个阴谋在历史舞台中上演。恺撒被他的盟友背叛,在庞贝剧院被刺死。

马其顿省成立
公元前146年

经过与马其顿部落的一系列长期战争之后,这些土地最终被并入共和国,成为罗马的一个省。

社会战争
公元前91—公元前88年

当一系列罗马城市(统称为拉丁人的城市)反抗罗马与其盟国之间在土地所有权和财富上的不平等时,社会战争爆发了。

前三头政治
公元前59年

第一个三巨头同盟,是由罗马三个最有权势的政治家(盖乌斯·尤利乌斯·恺撒、庞培和马库斯·李锡尼·克拉苏)组成的。

225 BCE — 146 BCE — 121 BCE — 105 BCE — 91 BCE — 73 BCE — 59 BCE — 44 BCE — 30 BCE — 27 BCE

第一次元老院终极议决
公元前121年

公元前121年,元老通过了第一次元老院终极议决,授予执政官卢修斯·奥皮乌斯紧急权力以击败盖约·格拉古军队。

埃及省成立
公元前30年

公元前30年左右,埃及在北非的统治地位逐渐被减弱,最后被罗马纳入版图之中,成为罗马的一个行省。

第三次奴隶战争开始
公元前 73—公元前 71 年

斯巴达克斯领导的第三次也是最后一次奴隶起义,是唯一一次威胁到罗马自身稳定性的奴隶起义。一群逃跑的角斗士团结起来,这些奴隶希望得到真正的自由。在角斗士斯巴达克斯的领导下,武装松散的叛军在罗马指挥官马库斯·李锡尼·克拉苏镇压起义之前,击败了一些罗马军队。

斯巴达克斯的叛乱,对奴隶主和奴隶的影响持续了几十年

奥古斯都被封为帝
公元前 27 年

在他的叔父尤利乌斯·恺撒死后,盖维斯·屋大维·奥古斯都与马克·安东尼和马尔库斯·埃米利乌斯·雷必达组成了后三头同盟来寻找凶手。联盟最终引发了内战。雷必达最终被流放,马克·安东尼在阿克提姆海战中失败后自杀。元老院授予奥古斯都终极执政权,随后,奥古斯都开始为元老院设计组织框架——这就是元首制和帝国的开始。

▲ 元首制给人一种共和时代的幻觉,但实际上奥古斯都几乎掌握了王国的所有权力

罗马帝国

公元前27—公元476年

罗马征服不列颠
公元43年
自公元前55年恺撒大帝第一次入侵不列颠以来，罗马人与不列颠各部落的贸易关系在克劳狄乌斯皇帝一劳永逸地征服不列颠之前都相对健康。然而，卡图维勒尼人已经从特里诺文特人手中接管权力，成为英国东南部最强大的王国。雄心勃勃的卡图维勒尼人开始侵占效忠于罗马的阿特雷巴特人的土地，此举迫使罗马出兵平定不列颠。这场战争最终令罗马人穿过英格兰进入苏格兰。

▼ 尽管不列颠为帝国提供了可观的资源，但这个地区是难以控制的

戴克里先设立四帝共治制度
公元293年
经历了近50年的混乱、内战和分裂之后，元老院承认政治家戴克里先为皇帝，随后，这位新帝建立了一种新的治理形式——四帝共治。戴克里先与其他三位共治皇帝一起，将罗马帝国划分为四个独立的辖区，每个皇帝单独负责其中一个辖区，辖区之间相互合作，共创繁荣。这一概念一度被证明是成功的——每个辖区都有自己的首都和常备军。然而，尽管这是一个联合性质的国家，戴克里先依旧是最高领导人。

▼ 四帝共治一直持续到公元313年左右，那时，大多数领导人要么死了，要么被暗杀了

元老院授予奥古斯都新头衔
公元前27年
作为屋大维成为罗马最终统治者的新地位的一部分，元老院授予其奥古斯都[①]、大元帅和第一公民的头衔。

罗马大火
公元64年
据传，烧毁罗马大部分基础设施的大火实际上是尼禄皇帝自己引发的。但尼禄将责任推给基督徒，并最终导致了一场血腥的清洗运动。

罗马斗兽场完工
公元80年
公元80年，有史以来最大的圆形竞技场最终在罗马市中心完工。它可以容纳5万名观众，是罗马人民对血腥运动无尽热情的象征。

三世纪危机
公元235年
三世纪危机是一场长达半个世纪的内战和动乱，在此期间共有26人加冕为帝，罗马分裂成三个不同的国家。

迦太基之战
公元238年
忠于戈尔迪安一世及其儿子戈尔迪安二世共治皇帝的军队被属于马克西米努斯·特拉克斯皇帝的军队摧毁。戈尔迪安一世被杀，戈尔迪安二世见此绝望地自杀了。

| 27 BCE | 43 CE | 60 CE | 64 CE | 80 CE | 122 CE | 165 CE | 235 CE | 238 CE | 260 |

布迪卡于不列颠尼亚起义
公元60年
罗马帝国不列颠尼亚行省最大的叛乱之一是由爱西尼女王布迪卡领导的。她有一支10万人的军队，但最终还是被打败了。

开始修建哈德良墙
公元122年
为了阻止苏格兰和不列颠尼亚北部的外族入侵，哈德良皇帝下令修建一堵墙。这堵墙被称为哈德良之墙，并续存至今。

瓦勒良皇帝被俘
公元260年
这是一起震惊整个罗马帝国的大事件：瓦勒良皇帝在与波斯帝国萨珊王朝的战斗中被俘。他被囚禁至死。

安东尼瘟疫袭来
公元165年
安东尼瘟疫（可能是天花的一种，也可能是早期的麻疹）是罗马有史以来最严重的流行病之一，它最终夺去了500多万罗马人的生命。人们认为瘟疫是从近东回来的军队带来的。这场肆虐了大约15年的瘟疫甚至夺走了卢修斯·维鲁斯皇帝的生命。

◀ 瘟疫最严重时，每天会有约2000名罗马人死亡

[①] 奥古斯都：意为神圣者、至尊者。

君士坦丁成为第一位信奉基督教的皇帝
公元306年
基督徒与罗马宗教的相处并不和谐。事实上，在戴克里先统治期间，基督教社区被妖魔化并遭受了清洗。然而，当君士坦丁成为唯一的皇帝时，一切都改变了。他着手改革国民心态，甚至主持了公元325年第一次尼西亚公会议，在那里召集主教会议，以建立现代基督教的共识。

▲ 君士坦丁的改革永久地改变了罗马，包括设立一种新的货币来对抗通货膨胀和将首都迁往拜占庭

西罗马帝国沦陷
公元 476 年

到了 5 世纪中叶，西罗马帝国已呈日薄西山之态。皇帝不再拥有昔日的权力和地位，帝国也缺乏东拜占庭帝国的稳定性。现任皇帝罗慕路斯·奥古斯都一年前由他父亲任命，但此举并没有得到人民或元老院的支持。随后，军事指挥官奥多亚克发动叛变，废除皇帝。在元老院的支持下，奥多亚克成为意大利的第一位国王。

罗马被分为两个帝国
公元 395 年

狄奥多西一世皇帝临终前，将帝国分与两个儿子继承，罗马帝国分裂为东、西罗马帝国。阿卡迪亚斯成为东拜占庭帝国的奥古斯都，他的兄弟霍诺里乌斯成为西罗马帝国的奥古斯都。对罗马人来说，他们的国家并没有被分裂，相反，东、西罗马帝国都是在为罗马的美好明天而奋斗。

◀ 罗马已经走完了一个完整的历史闭环。随着传统帝国的衰落，君主制得以重建

西哥特人洗劫罗马
公元410年

800年来，罗马第一次被敌人成功占领。这座城市被阿拉里克领导的西哥特人洗劫一空，几乎被夷为平地。

首都从罗马迁至君士坦丁堡
公元 330 年

作为君士坦丁大帝对罗马价值观系统性变革的一部分，他放弃了罗马，在如今的伊斯坦布尔建立了他的新首都君士坦丁堡。

293 CE　306 CE　330 CE　395 CE　410 CE　476 CE

> 罗马帝国走在时代的前方，即使是黑暗时代也未能消除它的印记。

罗马帝国留下的深远影响

罗马王国、共和国和帝国都非常强大，所以即使今天，我们也仍可以看到罗马在历史长河中留下的独特印记。从语言到基础设施，罗马帝国是一个远远领先于时代的国家，即使是黑暗时代也未能消除它的印记。

拉丁语是帝国的官方语言，它并没有随着王国的消亡而消亡，而是一直蓬勃发展。它被认定为天主教教会的官方语言，同时也是科学界中的事实语言。我们可以从英语、德语、荷兰语和许多其他现代方言中找到它的身影。

我们如今的历法结构和风格也都归功于罗马人——他们创造了朱利安历法。该历法由恺撒引入，将一年 365 天划分为 12 个月。也正是罗马人将一月定为新一年的开始，同时每四年增加一个闰年。

罗马人还将每周固定为七天，用行星将其命名（除了起源于基督教的星期日）。罗马的民主政体和法庭在无数国家中仍然可见其影响，同时，罗马在君士坦丁大帝的统治下信奉基督教，成为天主教的家园。除此之外，罗马使用下水道、渡槽和道路向世界各地展示如何修建持久的基础设施。

帝国的扩张

罗马是怎样建立、发展并征服他国的:随着时间的推移,罗马侵略的所有领土都被夷为平地。

公元前 5 世纪	意大利半岛
公元前 4 世纪	苏丹
公元前 4 世纪	突尼斯
公元前 4 世纪	摩洛哥
公元前 4 世纪	法国南方
公元前 4 世纪	西班牙
公元前 1 世纪	法国北方
公元前 1 世纪	希腊
公元前 1 世纪	土耳其
公元前 1 世纪	埃及
公元 2 世纪	达契亚(罗马尼亚)
公元 2 世纪	英国
公元 2 世纪	亚美尼亚
公元 2 世纪	色雷斯(保加利亚)

- 恺撒死前的罗马共和国领土(公元前 44 年)
- 奥古斯都死前的罗马帝国新增领土(公元 14 年)
- 图拉真死前的罗马帝国新增领土(公元 117 年)

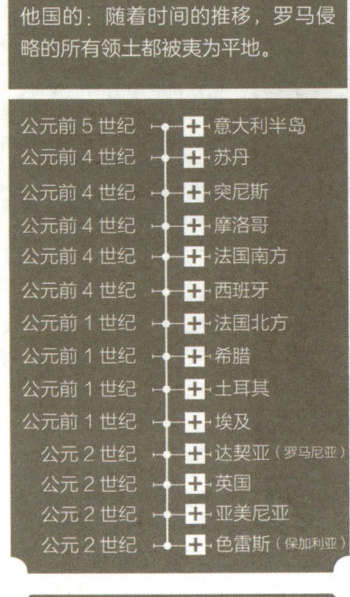

高卢
这或许是恺撒有史以来最伟大的胜利。公元前 52 年,阿莱西亚之战的胜利标志着高卢战争结束。敌人躲在阿莱西亚的山顶堡垒里,恺撒没有选择攻打堡垒,而是选择在堡垒周围筑起围墙和战壕,对其形成基本封锁,将他们饿死。

特雷比亚
公元前 218 年 12 月,罗马共和国和迦太基汉尼拔军队之间的特雷比亚战役,是第二次布匿战争中的第一场主要战役。这对汉尼拔来说是一个胜利,因为他成功地激起了敌方将军的正面进攻,诱其将军队带入自己的陷阱中。

罗马帝国的崛起

罗马是如何通过谈判和掠夺建立成为西方人口最多的国家?

罗马帝国是历史上面积最大的帝国之一,领土遍布欧洲、北非和中东。罗马帝国建立之前,帝国的扩张主要是在共和国(公元前509—公元前27年)期间完成的。在这段时间里,通过联盟或以暴力夺取领土,罗马的控制范围从城市周边扩展到地中海周边的大部分地区。不久,整个意大利半岛就被共和国控制,到了其后一个世纪,罗马压倒性的统治版图进一步扩大,包括北非、西班牙和法国南部(高卢)都被其收入囊中。

到公元前1世纪末,共和国的领土已经扩大

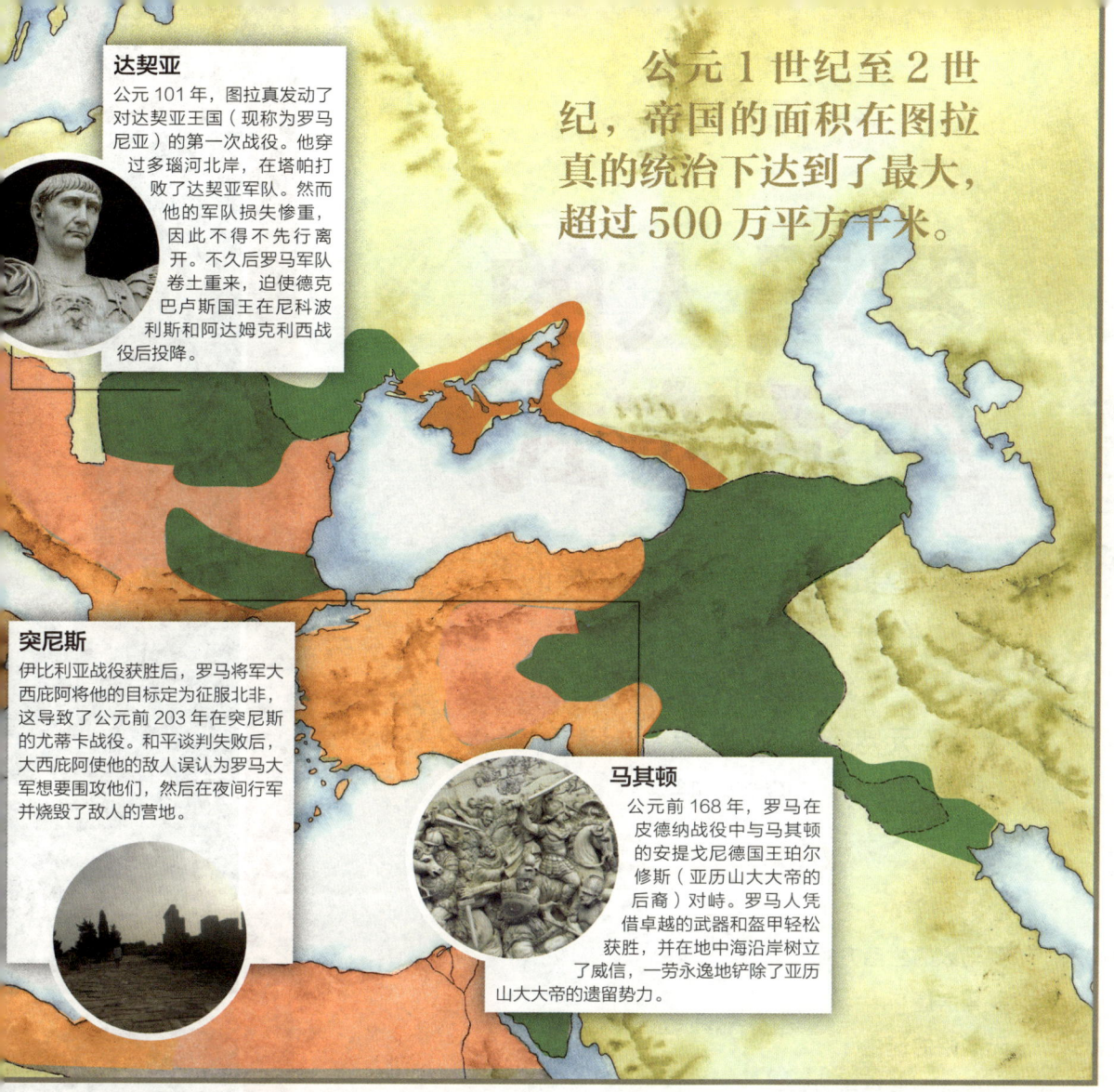

达契亚

公元 101 年,图拉真发动了对达契亚王国(现称为罗马尼亚)的第一次战役。他穿过多瑙河北岸,在塔帕打败了达契亚军队。然而他的军队损失惨重,因此不得不先行离开。不久后罗马军队卷土重来,迫使德克巴卢斯国王在尼科波利斯和阿达姆克利西战役后投降。

公元 1 世纪至 2 世纪,帝国的面积在图拉真的统治下达到了最大,超过 500 万平方千米。

突尼斯

伊比利亚战役获胜后,罗马将军大西庇阿将他的目标定为征服北非,这导致了公元前 203 年在突尼斯的尤蒂卡战役。和平谈判失败后,大西庇阿使他的敌人误认为罗马大军想要围攻他们,然后在夜间行军并烧毁了敌人的营地。

马其顿

公元前 168 年,罗马在皮德纳战役中与马其顿的安提戈尼德国王珀尔修斯(亚历山大大帝的后裔)对峙。罗马人凭借卓越的武器和盔甲轻松获胜,并在地中海沿岸树立了威信,一劳永逸地铲除了亚历山大大帝的遗留势力。

到包括法国、希腊和地中海东部的大部分地区。然而那时,由于内部斗争,内战爆发,共和国最终因刺杀恺撒大帝而落幕,此后共和国转变为帝国。关于这场政治过渡的确切日期主要取决于解释的方式。一些人认为,政体的转变发生在公元前 44 年恺撒被任命为"终身独裁官"的时候,另一些人则认为这一转变发生在公元前 31 年马克·安东尼和克娄巴特拉在阿克提姆海战中被击败之时。然而,最流行的观点是,当屋大维在公元前 27 年被元老院授予特别权力并采用了著名的奥古斯都头衔时,共和国就已经结束了。

虽然恺撒导致了帝国的诞生,但在奥古斯都统治时期,帝国并没有急于扩张领土。奥古斯都于公元 14 年去世,主要贡献为对帝国的行政管理。他在统治时将帝国内的人和地区编入目录,并向公众展示了已知世界的详细地图。

公元 1 至 2 世纪,罗马帝国在图拉真皇帝的统治下达到了最大疆域,领土面积超过 500 万平方千米。公元 476 年左右,帝国开始崩溃。在东罗马帝国继续统治的上千年中,罗马帝国一直在努力地捍卫自己的边界,并保持对西方世界的政治控制。

罗马人的生活方式

古罗马市民的生活是什么样的?
在社会中,什么是该做的,
什么是不该做的?
元老院是不是像看起来的
那样残酷?

22	罗马人的生活方式
32	罗马房屋
35	元老院的诞生
42	如何成为罗马执政官
46	罗马的发明
51	罗马留下的遗产
57	古罗马的底层社会
64	鲜血、勇气和角斗士
72	马克西姆斯竞技场
74	战车手的一天

罗马人的生活方式

古罗马的街道上充斥着各行各业的人。
在帝国中,较贫穷的人和上层社会的人是截然不同的。

努力工作，尽情玩乐。这似乎是许多罗马人的人生座右铭。我们普遍认为，罗马人是一个富有、能言善辩的群体，他们拥有华丽的别墅和衣服。然而，事实上，这只是一部分罗马人的生活。与任何社会一样，在罗马生活和工作的普通男女（平民）与那些位于权力巅峰的人（贵族）的生活方式截然不同，他们居住在一个与贵族精英阶层完全不同的世界里，接受教育和享受医疗保健的机会完全不同。

今天，大多数关于下层阶级存在的物证已经消失殆尽。他们简陋的房屋和消失的记载已被时间遗忘。但是历史学家们仍然能够把罗马人生活的结构拼凑起来：他们吃什么，穿什么，在哪里洗澡，如何接受教育。

我们也知道，财富是通向美好生活的关键，即使是奴隶，也可以积累金钱，有时还能赎回自由。

在罗马生活和工作的普通男女（平民）与位于权力巅峰的人（贵族）的生活方式截然不同。

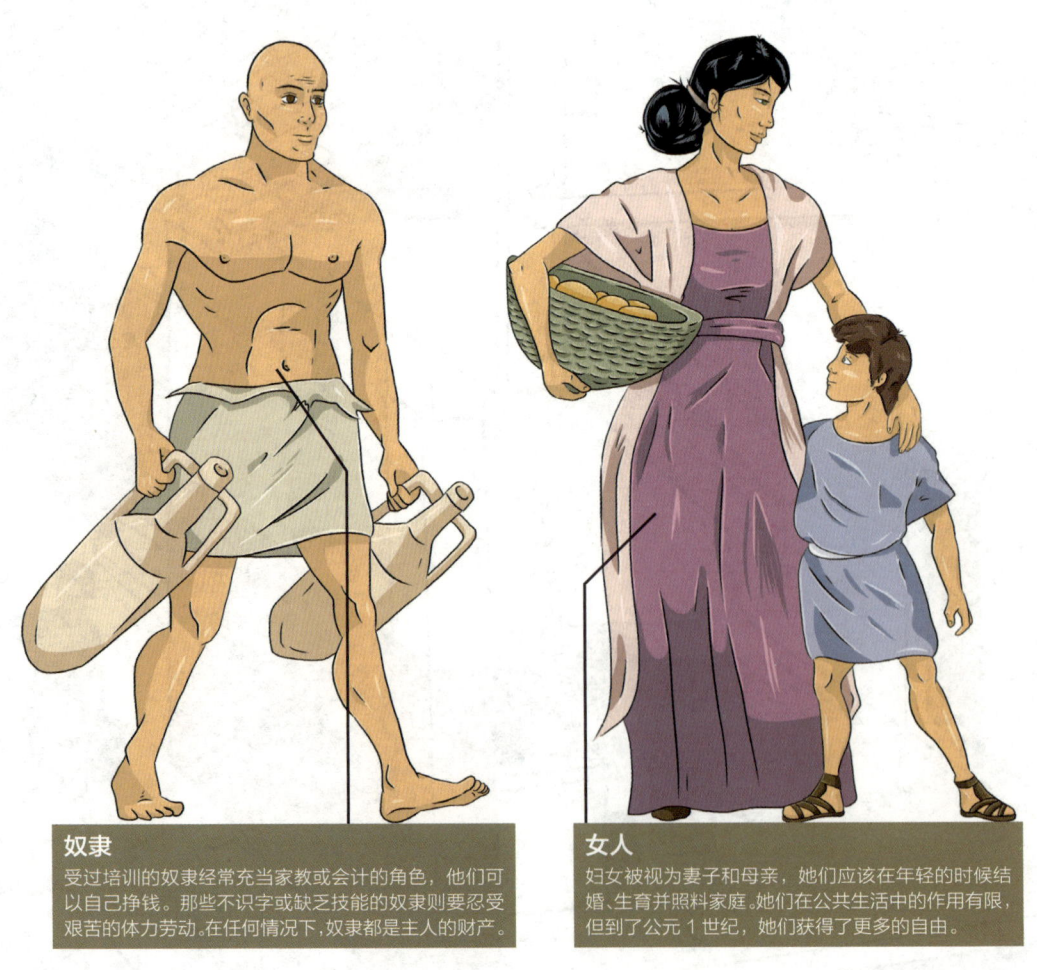

奴隶
受过培训的奴隶经常充当家教或会计的角色，他们可以自己挣钱。那些不识字或缺乏技能的奴隶则要忍受艰苦的体力劳动。在任何情况下，奴隶都是主人的财产。

女人
妇女被视为妻子和母亲，她们应该在年轻的时候结婚、生育并照料家庭。她们在公共生活中的作用有限，但到了公元1世纪，她们获得了更多的自由。

阶级行为：对立的罗马人

罗马社会是一个由强大的社会等级构成的复杂体系，复杂程度远远超过了简单的贫富二分法。虽然我们熟悉皇帝、议员和他们之下的骑士的特权生活，但也许最有趣的阶层还是平民阶层。

下层阶级的男人和女人是帝国的核心，但他们的工作只能给他们带来很少的慰藉，这一现象并没有被忽视。公元前494年，贵族和平民之间发生了一场大争论，并断断续续地持续了200年。在那一年，平民威胁要离开罗马——事实证明这是一种毁灭性的撤出——贵族作出了让步。然而，在罗马人的心中，社会地位仍然存在差异，地位越低，生活就越糟糕。

在罗马平民阶级之下的是自由民和奴隶。后者没有公民身份，前者要么获得了自由，要么自己购买了公民身份。

作为一名公民，罗马人享有相对舒适的生活和某些权利，使其能够投票、拥有财产、合法结婚、订立合同、起诉和在法庭上得到律师辩护，以避免因除叛国罪以外的任何罪行而遭受酷刑或死亡。然而，妇女的公民权利更为有限。

平民
基本指代罗马的普通公民，尽管公元前445年通过的《卡努勒亚法》允许他们与贵族结婚，并赋予他们更大的权利，但最初平民依旧缺乏社会流动性和特权。

自由民
那些被他们的主人视为有价值的奴隶（或那些攒够钱赎回自由的人）最后合法地脱离奴籍。自由民不能竞选公职，但他们可以合法结婚。

贵族
贵族是社会的最高阶层，他们的地位更是一种历史特权。贵族家族声称，他们的历史可以追溯到罗马成立的时候（据说）。

阶级生活

在这样一个严重不公的城市里,贵族、骑士和平民在罗马是如何生活的?

马尔库斯·图利乌斯·西塞罗
公元前106年1月3日—公元前43年12月7日

简介

罗马人之所以"高贵"的一个重要因素是他们的祖先,所以辛苦挣钱的平民仍然不被认为是贵族。罗马无法摆脱传统的划分方式,此举导致了骑士阶级的产生,就像我们今天的中产阶级一样。西塞罗生来就是个骑士,但他通过政治关系以及作为一名伟大律师和演说家的名声,成功地成为一名参议员。尽管他的演讲和文章对罗马政治产生了很大影响,但他依旧比较势利,一旦谈到低贱的平民——草根阶层——他还是会直言不讳地批评恺撒。

如果在罗马有什么地方是众生平等的话,那就是公厕。百万人口中的95%在那里坐着聊天,做着"最肮脏"的事情。在厕所的墙内,罗马人赤身裸体,没有丝毫隐私。他们扯下外衣,蹲在木头或石头凿的大洞上,用粘在棍子上的浸水海绵擦屁股,然后把它扔进罗马的下水道中。

然而,回到街上,生活却截然不同。那里的等级制度非常完善。最高级的是高等罗马人:皇帝、参议员——他们穿着一种叫作拉蒂克拉维的宽条纹束腰外衣——和穿着名为安古斯蒂克拉维的窄条纹束腰外衣的经济阶层骑士。但除此之外,还有普通的罗马平民,他们和自由民及奴隶一样,穿着围成半圆形的毛料长袍。然而,自由民往往在皇宫中占有一席之地,因此他们可以提高自己的社会地位,获得更好的衣服。

平民看到的罗马是真正的罗马,远离特权阶层所享受的华丽的大理石别墅和宏伟建筑。他们看到的是他们居住的狭小公寓,一个房间里住着很多人,拥挤的区域会年复一年地吸收越来越多的人。对他们来说,罗马人生活在狭窄的街道、肮脏的高层阁楼、繁忙的酒馆和购买食物与必需品的一楼商店之间。

这些区域散发着现烤面包和异国食物的气味,但也充斥着明显的汗味、血味和人类粪便味。罗马通常是一座喧闹的城市:公共区域发生打斗,居民之间发生争吵,家庭暴力上演,以及火灾危险不断出现。特别是在城镇最艰苦的地方(苏布拉①),任何幸福的时刻都可能被一件小事所破坏。

罗马当然不是一座虚伪的城市,州长和议员一直在为镇压平民起义和不和谐因素而斗争。他们每周提供定量的粮食和娱乐活动以满足下层阶级的需求,那些节日的组织者或捐助者总是受到人们的高度尊重。

对穷人来说,罗马是一个现成的就业市场,它的街道被视为一个遍布黄金和泥土、疾病的场所。许多建筑项目都迫切需要大量劳动力,所以很多人移民到那里找工作。自从建立后,罗马城迅速成为一个繁华的多元文化大都市,但却不能为每个人建造足够多的高质量住所。

劣质的住所对几十万人来说还算不错,他们的大部分生活都是在公寓外度过的。整个罗马都是他们的家。

因为长时间与他人相处的缘故,平民以善于交际和吵闹著称。他们也可以容忍不同的种族和宗教。从罗慕路斯和雷穆斯建立罗马为外来者之城,邀请罪犯和逃亡者来此接受庇护的那一刻起,外来者就融入了这座城市。人们很快就融入了繁忙的罗马生活方式中。

工人们会早起,为了一点儿钱而辛苦工作一

---

① 苏布拉:古罗马平民的大规模聚居地,恺撒出生并生长于此。

天，并在其他地方寻找补充收入的途径。孩子们也会工作，男童做学徒，女童在母亲或女主人的监视下做家务，这些女童通常穿着漂亮的短裙，腰间系着一条腰带。学校是收费的，主要为富人和特权阶层提供服务。然而，较贫穷的家庭会由父亲亲自教授儿子知识，教儿子使用职业所需的工具。

因此，一代又一代的穷人，长大后基本不识字，但技术水平却不低。男孩到了14岁（女孩12岁），他们就结婚了，成年为他们带来了很多好处。男孩可以被征召入伍，帮助罗马人征服和控制远方的土地，而女孩则在社交圈中活动，嫁入强大的家族。

士兵们还为另一个目的服务——能够俘虏奴隶并把他们带回罗马。士兵们不以种族选择奴隶，而是基于力量、智力、实际技能或外表来挑选。虽然有些奴隶成为劳工或变成角斗士或其他提供娱乐的人，但他们也可以在富裕家庭中担任体面的工作。例如，基于罗马人对健康的痴迷，许多希腊医生在公元前47年后以奴隶身份涌入罗马。除了让罗马人享受更好的医院治疗和外科医生的服务外，希腊人还促进了当地的医学进步。从某些方面来说，他们可能有点过于热情了——他们为了检验自己的理论而对病人进行实验，这引起了罗马人的怀疑。但这通常比那些昂贵的庸医更可取，因为他们的方法确实很不正统。

所有阶级的罗马人都享受着医疗带来的好处，即使处于社会阶层底端的奴隶也从某种程度上受益。这也表明，对有技能的人来说，作为奴隶被带到罗马，实际上是一个不错的职业选择。尤其是许多来自东方的人都很聪明、有文化，能够很容易地融入社会，为

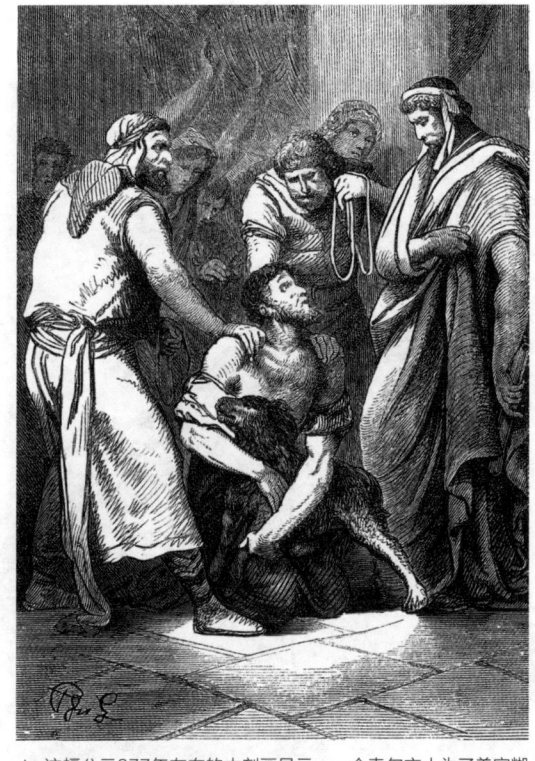

▲ 这幅公元377年左右的木刻画显示，一个索尔文人为了养家糊口，将自己卖作一条狗的奴隶

社会做出巨大贡献。事实上，一些负债累累的罗马公民会把自己变成奴隶。一些奴隶也被允许挣钱和存钱，用来购买人身自由或昂贵的衣服。到公元1世纪，罗马人口的一半以上是奴隶和自由民。这个时候，元老院提议奴隶们穿上符合他们自己特殊身份的外衣，但这项提议遭到了拒绝，因为看到一半的罗马人穿着这样的衣服可能会十分尴尬。

这就是罗马的诱惑，当奴隶被赋予自由民的地位时，许多人会留下来成为罗马公民，利用他们的关系为自己谋利。

一些自由民实际上继续担任重要职务，比如提比略·克劳迪斯·纳西索斯，他是克劳迪斯皇帝的密友，几乎成功地阻止尼禄继任成为统治者。

> 根据罗马传说，罗慕路斯和他的孪生兄弟雷穆斯是瑞亚·西尔弗和战神玛尔斯的后代。

罗马的夜生活

罗马人在罗马都干什么?
我们知道他们喜欢葡萄酒、
戏剧和食物,
还有什么呢?

天黑以后,罗马变得更加肮脏。街道充满危险,罪犯们把这座城市变成了他们自己的城市,掠夺他们认为是富人的人。作为下层人,他们会在没有灯光、没有警察的狭窄街道上抢劫。入室行窃、纵火、谋杀和诈骗是典型的犯罪,惩罚这些犯罪的方式从鞭打到钉十字架都有——但这并不能阻止绝望的人。犯罪分子有时可能非常暴

染料是非常珍贵的——任何穿着从海螺中提取的提尔紫染色的衣服的人都会获得很高的回头率。

力，但如果只是为了把一件束腰外衣或钱包的前面切开，他们通常会携带一个锋利的工具，以减少受害者的财产损失。一些受害者在保护人身和财产安全时会运用法律，每个人都有一种为自己而活的清晰意识。现有的法院和律师并不总是非常有效，因为许多人都在夜晚酗酒，这一事实并不能帮助解决问题。

罗马人的住房

从前罗马帝国遗留下来的建筑中我们可以看出，古罗马人非常重视建筑，把它看作一种展示力量、教养和财富的方式。骑士或者相对富裕的人会住在一种叫作多莫斯（domus）的豪宅里，这些豪宅是围着中庭建的有很多房间的一层楼房，其中包括一到两间奴隶们住的房间。

这些房子通常会用大理石雕像和柱子装饰内部和外部，除此之外还会有漂亮的绘画或马赛克。多莫斯内还经常有一个大的游泳池和一个花园，在建筑中间创造出一种空旷和自然的感觉。

然而，穷人住在狭窄的可能有九层楼高的公寓楼里。它们由泥砖或木料建成，屋顶平坦，炎热的天气里可以在上面欣赏风景或睡觉。这些公寓被称为围屋，最多只有几个房间可以睡觉。

一个街区最多可住40人，设施非常简陋。平民们不得不使用公共设施，到院子里使用厕所和浴室，甚至在此进行烹饪。因此，庭院通常是一个方便社交的地方，考虑到他们房间的大小，很少有罗马人愿意待在室内。

这些建筑的底层包含一家商店——或酒馆——它在街上有自己的入口，因此与公寓楼相分开。有钱人或骑士通常是这些商店或酒馆的主人，从租金中赚取额外收入。

▲ 这些是罗马公寓顶层的遗迹。几十个人住在这些狭小的公寓里

01 从印度进口食品
根据 1 世纪的作者老普林尼——盖乌斯·普林尼·塞孔都斯——的描述，罗马人每年花费 1 亿塞斯特西，从印度、中国和阿拉伯半岛进口香料和香水。

02 高卢猪肉
极度珍贵的腌制猪肉是从高卢进口的，除此之外，高卢还以培根闻名。尽管英国也有充足的猪肉供应，但罗马人认为高卢的牲畜更好。

03 让他们吃上小麦
对于帝国来说，小麦十分重要，因为小麦养活了包括军队在内的数百万人。为了应付需求，帝国需要大量进口小麦。据说庞贝城被毁时，大约需要 25 亿吨小麦。

04 在地中海捕鱼
无论是新鲜的、干的、腌制的还是熏制的，地中海的鱼都大受欢迎。尽管它比其他肉类更贵，但淡水和咸水池塘人工养殖的鱼类相对便宜。

地图地点：朗蒂尼亚姆①、吕格杜努姆、塞尔曼、阿莱拉特、罗马、巴西诺、拜占庭、萨洛尼卡、萨洛尼卡、迦太基、大莱普提斯、安提俄卡、亚历山大、泰勒斯

▲ 顾客们聚集在一家餐馆或烹饪店（一个类似于快餐店的地方）内，那里为罗马的穷人提供热饭

① 朗蒂尼亚姆：伦敦的古名。——译者注

群众的饮食

富人有奴隶提供的一系列令人垂涎欲滴的食物来满足他们的味蕾，相比之下穷人的饮食相当寡淡无味。大多数人无法享用贵族们消耗的酱汁、昂贵的肉类和进口香料，因此只能选择便宜的替代品。

穷人依赖谷物、橄榄油和葡萄酒，辅以面包、扁豆、蔬菜和粥。由谷物制成的扁平圆形面包"埃默"很受欢迎，但后来又引进了小麦面包。有证据表明，在庞贝和奥斯蒂亚等地的面包店已有动物拉磨的磨坊，但女性也会将谷物磨成面粉。

农民、猎人和渔民的饮食会更好一些，由于没有宗教限制，他们可以吃任何东西。腌制猪肉很受欢迎，而腌制牛肉则不太常见。

罗马公民一天吃三顿饭。他们早上吃早餐（jentaculum），中午吃午餐（prandium），晚上吃晚餐（cena）。晚餐是正餐，也是一天中最重要的时刻，人们会用有限资源尽可能地做出最好的晚餐。

宴会在贵族中很受欢迎，不出所料的是，他们会躺在沙发上放松，一边吃一边品味每一口。富人特别中意带馅的睡鼠①，上面撒有蜂蜜和罂粟籽。由于缺少餐具，罗马人用手吃饭，所以食物必须被放在方便的位置。在宴会上用左手吃饭被认为是不礼貌的。

由于在自己家里做晚饭太危险，小酒馆的厨房就成了罗马穷人的厨房，一到晚上就活跃起来。白天，这里是吃饭和休息的地方，让人们可以逃离自己的陋室与工作。对于那些愿意进来，坐在酒馆凳子上喝酒的奴隶和平民来说，这里是他们消遣的地方。

到了晚上，酒馆变得更热闹了。酒馆位于一条安静的小街上，大门紧锁，男人们在这里赌博、社交、玩游戏，这些游戏到后来经常会变得很激烈。

然而，对于富人来说，酒馆并不符合他们的身份，他们大多远离这些地方，谴责这些地方不道德，不符合罗马公民的身份。然而这并不代表没有上流社会的人冒险前往。尼禄大帝经常光顾酒馆和妓院，认为这些地方既新鲜又令人兴奋。他总是将自己伪装得很好以免引起骚动。

---

① 睡鼠：古罗马人钟爱的食物来源，现在由于被大量捕杀，在意大利已成保护动物。

罗马房屋

罗马公民的房屋因财富的不同而不同。
更为简陋的房屋被称为岛屋（insulae），
这些房屋就像今天的公寓一样，由于拥挤而出现在城市中。
贵族们会住在豪华的乡村别墅里，
而富裕的商人则住在城市的多莫斯豪宅中。

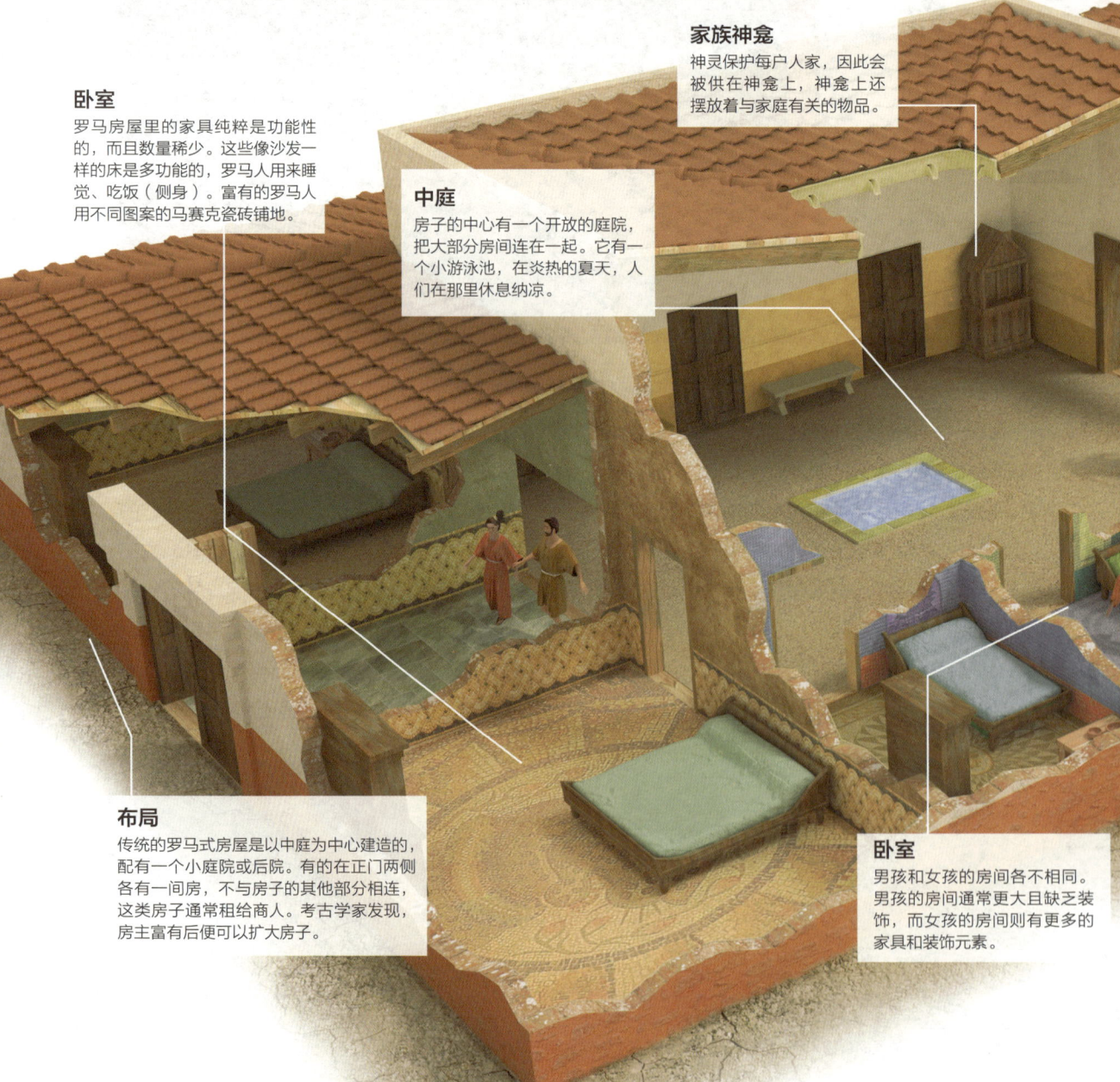

卧室
罗马房屋里的家具纯粹是功能性的，而且数量稀少。这些像沙发一样的床是多功能的，罗马人用来睡觉、吃饭（侧身）。富有的罗马人用不同图案的马赛克瓷砖铺地。

家族神龛
神灵保护每户人家，因此会被供在神龛上，神龛上还摆放着与家庭有关的物品。

中庭
房子的中心有一个开放的庭院，把大部分房间连在一起。它有一个小游泳池，在炎热的夏天，人们在那里休息纳凉。

布局
传统的罗马式房屋是以中庭为中心建造的，配有一个小庭院或后院。有的在正门两侧各有一间房，不与房子的其他部分相连，这类房子通常租给商人。考古学家发现，房主富有后便可以扩大房子。

卧室
男孩和女孩的房间各不相同。男孩的房间通常更大且缺乏装饰，而女孩的房间则有更多的家具和装饰元素。

工作间
每家每户都有一间为家里孩子和他们的私人家教准备的工作间（tablinum），屋里只有一张桌子和几把椅子。

花园
房子的背面通常十分开阔。专业的园丁可以为水池和花坛提供最佳设计建议，同时也会建议主人家适合种植哪些植物花卉。

屋顶
屋顶铺着瓷砖，有足够的倾角，并有一个合适的排水系统来收集雨水。

厨房
这是一个完全通风的空间，专门用来储存食物。这里有一两张桌子，用来放置盛油和粮食的罐子，还有用来放置盘子和其他餐具的橱柜。

餐厅
这是一个很大的房间，一部分背靠墙壁，另一部分面向庭院。这使得一家人可以根据天气状况和当天供应的食物种类来选择他们喜欢的用餐位置。

吃饭的地方

一般来说，罗马商店（tabernae）是一间带柜台的单间。马厩面向一个开放的庭院，周围环绕着餐厅。小旅店（hospitia）是有餐厅（triclinia）和卧室的招待所。波皮纳饮食摊（popinae）是卖食物和饮料的地方。作坊被称为工坊（officinae），酒馆被称为塔贝纳（taberna）。

▲ 约公元76—79年的一块古罗马面包，因庞贝城火山爆发而成为化石

▼ 恺撒的崛起及其此后死于元老院的暗杀,是导致元老院最终失势的众多因素之一

元老院的诞生

从权力末端到与皇权抗衡,元老院代表了人民的声音。

1000多年来,罗马一直是历史上最强大的民族国家之一。那是一个军事力量强盛、不断扩张边境的时代。罗马人在世界各地升起鹰旗,标志着殖民扩张的新纪元。罗马人不仅在国外威名显赫——在元老院,罗马也有自己独特的治理形式。元老院是一个由有学问的人组成的议会,每个元老都有权在辩论中表达自己的想法。他们在辩论中制定国家法律,决定国家未来。

元老院被认为是在公元前753年罗慕路斯国王建立罗马王国时创立的。罗慕路斯选择罗马作为他的权力所在地,同时创建了一个新的国家办事处,负责处理枯燥繁复的立法和管理普通的政治基础设施。这就是元老院的开端,在罗马成立之初,定义它的基本要素就已经形成了。

元老院并不选择普通公民(或平民)作为议员,他们会从该地区最有影响力的家庭中挑选成员作为代表。罗慕路斯最初只挑选了100名成

> 在恺撒统治期间,元老院最多有900名成员。

五大著名元老院议员

不仅仅只有皇帝是全城的谈资，
元老院也为罗马培养了一些有趣的人物。

马库斯·阿格里帕
马库斯·阿格里帕是一位不寻常的议员，他最开始是一个奴隶美容师。随后他假扮了许多不同的角色，在伪装上层人失败后被驱逐。但是他最终被赦免，获得了与生而自由的人一样的权利并被提升为议员。

奥卢斯·伽比尼乌斯
奥卢斯·伽比尼乌斯是共和国末期的杰出人物，他是政治家、将军和庞培的支持者。作为一名议员，他在军队中有着传奇的历史，他是那位成功帮助马克·安东尼恢复埃及法老托勒密十二世奥勒忒斯王位的将军。

提留斯·辛布尔
提留斯·辛布尔是背叛和暗杀恺撒大帝的著名人物之一。他最初是恺撒最有力的支持者之一，但他利用元老院的权力大玩政治游戏，因此他成为分散恺撒注意力的人，这使得刺客们能够刺杀成功。

小加图
小加图也被称为马尔库斯·波尔基乌斯·加图·乌地森西斯，他是一名罗马议员，以其坚忍的本性和可靠而闻名。他拒绝受贿，在元老院被称为伟大的演说家。在人们的记忆中，他固执、顽强，是尤利乌斯·恺撒直言不讳的搭档。

马库斯·李锡尼·克拉苏
作为一名罗马的政治家和将军，马库斯·李锡尼·克拉苏在罗马从共和国向帝国的过渡中发挥了重要作用。他还以其惊人的财富而闻名。他的死导致了恺撒和庞培之间的裂痕。

员，但随着更多的名人加入，这一数字很快增加到300名。这些人是"贵族"或族长，是贵族或"氏族"中最重要的男性。这些贵族，即元老院本身，当时还没有之后几个世纪那般大权势（初期，它在很大程度上只是君主政体的顾问委员会），但它仍然是一个代表"人民"将声音传递给国王的平台。

罗马王国的元老院在共和国成立前的几年里有三个主要目的。首先，它以顾问的身份为君主服务；其次，它是王国里人民的立法机构；最后，它作为行政权力的最终储存地而存在。开始时，国王完全可以无视元老院提出的建议，但随着时间的推移，元老院的威望越来越高，君主越来越难以轻易忽视他们的意见。这是混乱模式的开始，无论利弊，这种模式将伴随元老院走过随后的岁月……在这个时候，元老院特别是在人民中的部分影响力之大，其根源在于罗马社会的父权制性质。王国的长老们受到最高级别的尊敬，这为他们提供了一个相当大的权力宝座。甚至在某些方面，国王也要服从元老院的意愿。例如，一位新国王（由人民和元老院选出）只有在元老院事先批准的情况下才能登基。在此期间，所有的行政权力都归属元老院，这使其成为国家最有权力的机构。

共有七个国王先后统治罗马王国，而第七个国王永远改变了王国、皇室与元老院的关系。卢修斯·塔克文·苏佩布，有时人们也称他为高傲者塔克文，是个典型的暴君。他以谋杀夺取王位，且总是滥用权力。他持续征战和痴迷于建造新建筑的行为在不断榨干王国的金库。当他的儿子强奸一位贵族妇女的消息传出后，他的人民将他赶下台去。这是一种用来驱逐王室的手段，贵族、人民和军队都支持流放国王。

公元前509年，罗马废除君主制，元老院继续保持其顾问委员会的地位。它的规模扩大到

300至500名成员，每个成员都是贵族，终身在元老院任职。共和国不再希望自身成为个人意志的牺牲品，因此决定设立"执政官"职位——两名执政官（由人民一年选举一次）共同任职。执政官也可以随时命令元老院的成员，但这些行政权力在共和国早期很少被滥用。

随着时间的推移，元老院的权力日益坚固。执政官们负责领导军队，充当共和国的门面，元老院主要负责管理国家的一切事务。元老院处理财政问题，制定和修改法律，监督对违法者的审判，并讨论民声。会议广场是一个广纳民声的地方，在那里可以听到民众关心的话题和他们的抱怨。正是在这段时间里，那些没有贵族血统的平民逐渐进入元老院内，然而，上层向他们敞开这扇大门却花了很长时间。

在共和国时代，元老院和执政官之间的关系也变得更加正式——当元老院希望向执政官传达意见时，会颁发一个元老院法令。尽管这并不是法律明文，但确实有分量，即使是最鲁莽的执政官也会听从劝告。尤其是当这些法令涉及罗马的战争时，治安法官必须为任何军事行动做出解释，而不仅仅只是为了侵略战争而向元老院提出申请，其目的是阻止任何好战的执政官在不必要的战场上满足其狭隘的虚荣心。

维护国家法律也使元老院对自己的行为有了坚定的道德感。例如，一名在职议员不能涉及任何形式的银行或公共合同，也不能委派或拥有一艘足以用于对外商贸的船只。事实上，议员甚至不能离开意大利，这就是他们在罗马存在的重要性。

更有趣的是，议员没有报酬。这是因为最

▲ 几个世纪以来，议员的角色各不相同，但元老院总是以顾问的身份向国王、执政官、皇帝提供咨询

▲ 该会议广场仍然是元老院政治进程的重要组成部分，是一个可以听取当下问题的平台

早的元老院成员十分富有且出身高贵。有人认为，在进入元老院之前，议员通常十分有钱，所以就算平民能成功当选为议员，财政基础的匮乏也阻碍了他们在元老院内发声。

因此，元老院要求在其内部设立一个职位，以加强监督其成员的道德准则。所以在共和国时期，"监察官"诞生了。监察官是元老院的政治警察，这些人物往往是法庭中最受尊敬的成员，他们不反对任何因违反元老院行为准则的人受罚。监察官常用的罪名包括腐败、滥用死刑和无视其他成员的权利。惩罚方式通常是罚款，但如果案件恶劣也可能导致议员被弹劾（这

> 元老院在6世纪的拜占庭帝国中一直保持着一定权力。

意味着他们将被逐出元老院）。

监察机构的设立也对那些申请加入元老院的人提出了新的要求。那些有前科的人或者曾经作为角斗士战斗过并赢得自由的人通常不被考虑（主要是因为这两种背景的人没有多少经济支持）。事实上，公元前123年通过了《阿西利亚法》，在法律上禁止任何曾经犯过罪的人成为新的议员。随着共和国的发展，这些法律越来越多，公共腐败迫使元老院在进行人员筛选时变得更加慎重。

元老院通常在城市的城墙内（统称为 pomerium）召开会议，官方规定元老院开会的范围不得超过城市边界一英里①。在城墙外开会

---

① 英里：英制长度单位，1英里约等于1.61千米。

并不常见，但确实发生过。其中大部分是政治性的，包括选择在城外会见一个新国家的使者，以避免透露过多关于罗马内部防御的信息。

然而，在之前的两个世纪里，元老院的权力基础已开始发生变化。执政官和元老院之间的关系在某种程度上已经退化，因为国家政府机构开始承担比地方法官更多的角色（从而积累更多的集体权力）。元老院现在可以否决执政官所做的任何决定，他们肆意发声、权势熏天，这一权力让那些处于执政官地位的人深感不安。

随着时间的推移，元老院逐渐发展为一个自治的实体，在很大程度上忽视了每年治安法官的突发奇想。在此期间，元老院不断扩张权力，到公元前312年，选举新执政官的权力完全落入了元老院手中。改革仍在继续，公元前81年，苏拉将军兼议员成功地修改了法律，使财务官（元老院最低级别的治安法官）的人数增加到20人，此外，还通过了包括所有前财务官自动返回元老院的提议。

在共和国的最后几年，它的外交政策立场也发生了变化。最初，元老院对此类事务的处理方式松散随便，但最终与外国政要的会晤和涉及罗马海外利益的决定必须经由元老院自己处理。这个迹象表明，元老院越来越意识到自己作为更有力的国家机器的作用，尽管如此，元老院仍然表现出一种克制感。在这个国家，元老院从来不渴求绝对的权力——例如，宣战和批准条约的权力仍然属于人民。

在罗马帝国崛起之前，元老院的权力和影响力开始减弱。国家那时正因内部冲突而分裂，其中包括著名的陆军将领和政治家获得独立下属的问题，这种做法可以很好地讨好元老院。三头政治（包括罗马帝国的奠基者尤利乌斯·恺撒）的崛起也威胁到元老院对人民的影响力，三次恐怖起义（有时被称为奴隶战争）也为共和国末日埋下伏笔。

当尤利乌斯·恺撒自封为独裁者，并随后遭到暗杀时，元老院再次经历了一场重大变革。帝国建立之初，随着早期元首制的形成，皇帝与元老院合作管理国家的形态已经显现出来——事实上，皇帝所保留的权力远远超过了之前的执政官。

元老院在这个时候已经扩张到900人左右（这是恺撒大帝为了让自己的支持者支持他的主权而带来的变化），但在奥古斯都统治时，这个数字降到600人。元老院曾在一段时间内完全控制国库，但随着君权不断加固，奥古斯都（元首制的第一位皇帝）最终取消了这项权力。

帝国时期皇帝对元老院的权力是绝对的。此时，一个人要想获得进入元老院的机会，要么由

元老院的辩论是什么样的？

元老院是古罗马最民主的代表机构，考虑到每个成员对某一特定问题的想法不同，每次辩论的时间都很长。首先由首席执法官介绍讨论的事项，然后开始辩论。每个人都会被要求在议员同僚面前表达他们的意见。

元老院成员的发言顺序以他们的职务为依据，非常具体，顺序如下：选定执政官、首席元老、陈述官、选定监察官、监察官、执政官、选定裁判官、裁判官、选定贵族市政官、贵族市政官、选定平民市政官、平民市政官、选定护民官、护民官、选定财务官、财务官，以及一般市民。

一旦每一位议员都表达了各自的意见，首席执法官就必须表达他们的意见（否则将面临罚款）。意见无论长短，都被称为一种判决（sententia），是元老院公开表达意见的重要组成部分。然后，其他成员可以通过表达同意与否来回应这项判决，或者选择坐在他们旁边以示团结。目前还不知道一个首席执法官有多大的自由裁量权来结束辩论，但会议需要在午夜前结束。

元老院的限制

元老院所受的权力限制因共和国和帝国而异。在共和国时期，元老院与执政官并存——然而，执政官的权力远远超过元老院，他们可以想做什么就做什么。这确实使元老院处于不利地位，但由于执政官最多只能任职两年（而元老院仍然是永久性的），许多执政官常常对元老院的权力持谨慎态度。应该指出的是，元老院在其早期实际上是没有行政权力的。

共和国末期，元老院的权力爆发了，但在帝国统治下，这种权力迅速减少。随着皇帝们不断巩固自己的权力，元老院对从财政到司法法律的一切控制都受到了限制。皇帝可以随意召集和主持元老院会议，他可以根据自己的选择挑选议员，并且总是在辩论中第一个发言。

皇帝赐予他机会使其当选为财务官，要么皇帝颁发法令自动授予其议员资格。元老院只能乖乖听从，从那以后，它的处境变得更糟了。

元老院再次被降级为咨询委员会的角色，它的地位在三世纪危机的无政府状态下只会降低。

混乱时期的结束见证了四帝共治制的兴起，四人统治的帝国被分成了四个部分。四帝共治制的核心人物戴克里先甚至颁布了一项法令，让皇帝有权在没有事先通知的情况下解除元老院的所有行政权力，这进一步削弱了元老院的影响力。

决定性时刻
公元前 753 年，元老院成立

伴随着罗马王国的形成，元老院也随之诞生。它的成员是来自最有影响力的家庭的高级公民，他们将讨论的问题提请国家注意，这与元老院后来的形象相符合。人们认为，罗慕路斯国王可能是第一个设立元老院的人。

第一届元老院由 100 名成员组成，每个成员都来自全国各地有影响力的家庭。随着时间的推移，同时也随着元老院在创建与维护法律和政府方面的权力增加，这个数字翻了一倍。

决定性时刻
公元 68 年，元老院将尼禄定为敌人

尼禄是朱里亚·克劳狄王朝的最后一位皇帝，他被认为是罗马最不受欢迎的统治者之一，他的决定和政策不仅疏远了人民和军队，还疏远了元老院本身。公元 64 年罗马发生大火，许多人都把它归咎于尼禄想要建造一座宏伟的宫殿——奥里亚宫（又称尼禄黄金屋）。

公元 68 年，当尼禄四处躲藏时，他得知元老院终于厌倦了他的滑稽举动，宣布他是国家的敌人。他被奉命带到会议广场上，然后被打死。

时间轴

● 护民官席位增加
公元前 494 年
护民官是一个向平民（普通公民）开放的罗马国家职位，由于其受欢迎程度，元老院增加了其数量。

● 元老院同意与萨姆尼人和平相处
公元前 341 年
在与萨姆尼人（一个生活在亚平宁山脉的民族）进行了几十年的战争之后，元老院同意了一项早期的友好条约。

● 第一项元老院终极议决
公元前 121 年
元老院通过了第一项元老院终极议决，授予执政官卢修斯·奥皮米乌斯紧急权力以击败盖约·格拉古军队的同党。

● 元老院授予奥古斯都新头衔
公元前 27 年
奥古斯都，新罗马时代的第一位皇帝，被授予一系列新的国家头衔，包括奥古斯都、大元帅和第一公民。

▲ 像阿庇乌斯·克劳狄·卡阿苏斯这样的监察官是确保元老院遵守严格的道德行为准则的人

随着帝国的衰败，元老院得以延续，但它只是一个外壳，最终随着帝国的逐渐分裂和被步步征服而逐渐消失。然而，当它最终跟随帝国走向坟墓时，元老院对现代政治的影响一直延续至今。在许多议会和参议院中，一个人可以发表自己的意见并否决他不同意的法律，这种民主讨论会的理念一直存在，而民法（即包括法律与相应的惩罚措施）的理念已成为现代法律的一个基本原理。

> 戴克里先颁布了一项法令，赋予皇帝撤销元老院一切行政权力的权力。

决定性时刻

公元 293 年，戴克里先撤销元老院权力

这也许是自元老院创立以来最为决定性的权力削减时刻。公元 293 年（当时四位领导人在四个不同的地区统治帝国），第一位四国皇帝戴克里先开始剥夺元老院的部分法定权力。他通过一系列激进的改革做到了这一点，其中一项改革表明，皇帝在理论上有权力从元老院接管国家的全部控制权。

元老院确实保留了审理叛国案件和在辩论中确定出场顺序的权力，但与它曾经在帝国行使的权力相比，只不过是九牛一毛。

● **哈德良被元老院认可**
公元 117 年
就像古罗马的每一位皇帝一样，元老院正式承认哈德良是罗马的下一任官方统治者。

● **元老院选举两位统治者**
公元 238 年
公元 238 年 4 月 22 日，元老院选举两位统治者（很像共和国的老执政官）普皮恩努斯和巴尔比努斯共同统治罗马。

● **元老院承认塔西佗**
公元 275 年
公元 275 年 9 月，奥勒良皇帝被禁卫军谋杀后，元老院承认他的继任者塔西佗为新任皇帝。

● **第一次尼西亚公会议**
公元 325 年
当君士坦丁召集主教和官员开会以确定耶稣基督是否与上帝本人拥有同样的地位时，元老院发现自己的地位被忽视了。

● **罗马首都迁至君士坦丁堡**
公元 330 年
基督教皇帝君士坦丁大帝把帝国的首都迁往拜占庭，在那里创建了君士坦丁堡。

● **多迪拉死后被处决的议员**
公元 552 年
西罗马帝国垮台后，元老院继续处于东部的国王统治之下。然而，为了报复东哥特国王多迪拉的死，一些议员被谋杀。

如何成为罗马执政官

想学习如何在古罗马获得权力和影响力吗？
下面为您提供一些方法。

执政官是罗马共和国时期最高的民选职位，两位执政官可以在任何一个时间当选，每一位任期一年，然后被替换。他们的职责涉及广泛的民事和军事任务，从公元前367年起，一个平民（普通）公民甚至可以竞选公职。然而，这种民主并不持久，因为恺撒大帝的死和随后的战争导致了公元前27年罗马帝国的建立。执政官的权力被皇权吸收，他们只是傀儡罢了。

执政官的职责

首席法官
这项权力在公元前366年被移交给民政官，但执政官仍将在重大案件中担任法官，并随时应召。

元老院
执政官负责通过元老院的法律，并代表元老院担任大使。

军事
执政官是庞大且强大的罗马军队的统帅，他们在军事护民官的协助下管理军队。

总督
卸任后，每一位执政官都被随机指派到一个省或地区进行为期一至五年的执政。

否决权
每一位执政官都有权阻止其同事的法令，这一过程确保了只有当各方意见完全一致时才能做出重要决定。

元老院内部

地点
元老院会议在许多地方召开，如朱庇特·卡皮托林纳斯、菲德斯、康科德和阿波罗等各个神庙。

执政官
由于执政官经常在元老院发表讲话，人们期望他主导并拥有强有力的演讲风格。

门开着
会议是公开的。为了强调这一点，会议期间门是开着的，所以任何人都可以围观。

观众
元老院最初由 100 人组成，但在共和国鼎盛时期增加到 300 人左右。

传统
让你的对手没机会反驳的一种方法是不断说话——小加图多次采用这种策略。

01 接受教育

罗马执政官要有成为出色的演说家所必需的强大信心和教育。因此，你可以找一位私人教师以确保具备基本的阅读技能，为学习修辞学这门艺术打下基础。

02 与豪门联姻

如果你尝试的所有努力都失败了的话，就试着通过婚姻来增强你的影响力吧。在罗马，有权有钱的家族经常以联盟的形式互相支持，这种联盟的具体形式通常是包办婚姻。与一个伟大的家族结盟是一个获得选票的快捷方法。

03 积极展示自我

你向人民展示得越好，你成为执政官的概率就越高。正如马尔库斯·图利乌斯·西塞罗自己所说："让你身边聚集大量来自各个阶层的人……确保你的演讲游说能够给人民带来足够的仪式感和娱乐性。"

04 恐吓对手

为了得到你想要的东西，你不能排斥使用一些不体面的手段。如果你碰巧是一名将军，只要利用你全副武装的军队来镇压骚乱就行了。

著名执政官

卢修斯·朱尼厄斯·布鲁特斯
公元前509年
他是罗马共和国的缔造者,也是最早的执政官之一。据说是刺杀恺撒的刺客之一马库斯·尤尼乌斯·布鲁图斯的祖先。

恺撒大帝
公元前100—公元前44年
恺撒曾五次担任执政官。他在宣布自己成为终身独裁者后被谋杀。

马克·安东尼
公元前83—公元30年
他曾两次担任执政官,后来与屋大维一起统治国家。在内战中输给屋大维后,他与爱人克娄巴特拉自杀。

奥古斯都
公元前63—公元14年
原名屋大维,于公元前43年成为执政官,在公元前27年成为第一位罗马皇帝。

如何不被夺取权力?

卢修斯·塞尔吉乌斯·喀提林有望在未来当选执政官,但他企图夺取政权的做法大错特错。由于面临敲诈勒索的指控(他最终被无罪释放),他在早些时候被禁止竞选执政官,后来在公元前64年被西塞罗击败。他对此感到愤怒,计划以武力夺取政权,他通过承诺取消债务以及响应穷人的需求,聚集了一些追随者。然而,西塞罗不断追查喀提林的行动,谴责他是叛徒,迫使他逃离罗马。喀提林后来试图随军队进入高卢(法国),但公元前62年,他在皮斯托里亚被盖乌斯·安东尼乌斯·赫布里达将军率领的军队阻止,他和他的大多数追随者在那里被杀害。

罗马的发明

罗马人为如今的我们做出了什么贡献？
他们祛除疾病、修路，还开创了福利制度。
然而这只是他们所做的一小部分而已。

日历

发明/首次使用年份：公元前46年

早期的罗马历法是从希腊的月历模型中借鉴的。然而，迷信的罗马人认为偶数不吉利，因此修改了日历，以确保每个月包含奇数天。公元前46年，恺撒大帝和天文学家索西涅斯一起设计了阳历，使历法与太阳年保持一致。在这一过程中，一年共有12个月（包括以恺撒命名的7月），一年中的天数从355天增加到365天。

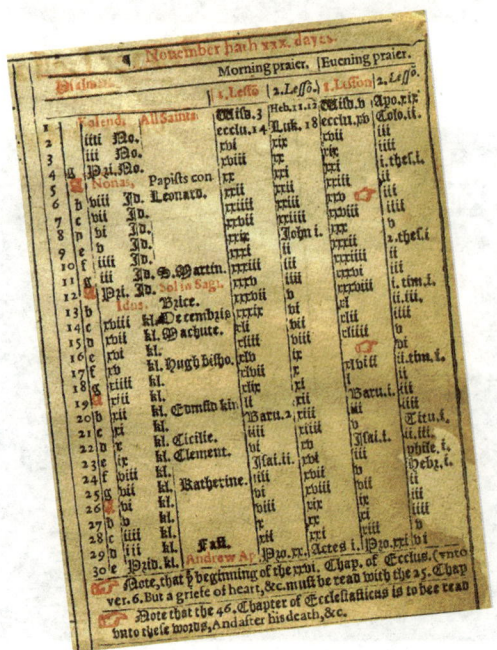

混凝土

发明/首次使用年份：大约2100年前

罗马竞技场和万神殿等建筑都是伟大的建筑师和多产的建设者建造的，但它们之所以在几千年后的今天仍然屹立不倒，要归功于一种早期的水泥，即所谓的"罗马混凝土"。这种混凝土是由熟石灰和火山灰按比例调制形成的一种黏糊物，然后与火山岩混合。这种水泥凝结得很快，能够建造一些令人难以置信的建筑。

道路

发明/首次使用年份：公元前500年

为了让军事机器快速通行，罗马人修建了5万多英里长的铺面公路，仅连通罗马的主要公路就有29条。罗马的道路由泥土、碎石和砖块建成，非常牢固，至今仍有许多道路还能使用。路面有一定的曲面，以便排水。罗马军团能够每天行驶约25英里，这些道路帮助帝国在南欧大部分地区扩张。

查士丁尼一世皇帝
公元482—565年，
拜占庭（东罗马）

查士丁尼大帝是一位拜占庭皇帝，他负责改写《民法大全》，而《民法大全》至今仍是英国民法的基础。

福利制度

发明/首次使用年份：公元前122年

为较不富裕的人提供食品、教育和其他开支补助的政府计划可以追溯到古罗马。这些福利计划最初是由护民官盖约·格拉古提出的，他命令罗马政府向公民提供价格低廉的粮食。这一福利制度在图拉真统治时期继续实行，图拉真的补助计划是给孤儿和弱势儿童提供食物、衣服和教育。代币系统还允许穷人以低廉的价格获得粮食、油、葡萄酒和面包。

报纸

发明/使用年份：公元前131年

尽管很难想象罗马人喜欢通过某种古老的形式进行早期的名人杂谈，但他们确实在金属或石头上刻下了详细描述军事、法律和民事问题的文字，并向公众发布。这些早期的报纸被称为《每日纪事》或《罗马公报》。报纸内容包括罗马军事胜利的细节、人口出生和死亡通知，以及角斗的结果。它们被张贴在人口稠密的地区供公众阅读探讨。

拱券和渡槽

发明/使用年份：公元前312年

罗马建筑师发现，拱券结构可以支撑巨大的重量，因此这些拱券被应用于整个罗马帝国的建筑。它们不仅有着令人叹为观止的外观，而且结构坚固，经得起时间的考验。拱券对于渡槽来说也是至关重要的，因为拱券可以帮助提升结构，形成一个向下的斜坡，使水能够流入所需的位置。即使只是匆匆一瞥那些罗马建筑，也能窥见拱券在罗马生活方方面面的重要性。

精装书

发明/首次使用年份：公元1年

直到罗马帝国时代，文学作品还以厚泥板和卷轴的形式出现，但罗马人发明了手抄本，简化了这一媒介，手抄本就是一堆装订好的书页。早期的手抄本由蜡片装订而成，但很快被羊皮纸所取代，而羊皮纸更像书页。根据历史学家的说法，恺撒通过堆叠莎草纸的书页，创造了早期版本的手抄本，但装订抄本至少在1世纪才成为罗马的规范。

盖约·格拉古
公元前154—公元前121年 罗马

格拉古出生于一个政治世家，深受兄长改革政策的影响。格拉古制定了一项法律，向罗马公民提供廉价粮食。

野战手术
发明/首次使用年份：未知

罗马人在医学上取得了许多突破，例如率先使用剖腹产术和开发了许多外科手术工具。然而，建立一支军事医疗队也许是他们最大的医疗创新，因为这意味着驻军士兵可以在战场上接受治疗，通过使用止血带和动脉手术夹来阻止失血，进而挽救无数生命。罗马人甚至有先见之明地使用热水来消毒他们的工具。

下水道
发明/首次使用年份：公元前735年

罗马人开拓水道，让淡水流入罗马城市，同时也开发了早期的下水道系统，将人类的废物垃圾带出城市，以消除污染洁净水的风险。仅在罗马，就有七条主要的下水道流出城市（至今仍能在城市地下找到），下水道系统也在帝国周围的其他大城市中使用。

十二铜表法
发明/首次使用年份：公元前450年

早期的罗马法大部分来自《十二铜表法》，这是共和时期宪法的一部分。事实上，这部法典中的许多法律术语，如传票、无偿和宣誓书，仍在现代法律中使用。《十二铜表法》包含了有关财产、宗教和离婚的法律，并详细规定了对从小偷小摸到巫术等各种罪行的适当惩罚。稍晚发展起来的是《民法大全》，这是一份更为精简的文件，首次引入了无罪的概念。

罗马的道路系统一度长达40万千米，这一基础设施将整个国家连在一起。

杜加尔德桥
公元40—60年

简介 在罗马人建造的基础设施中，那些把生命之源的水带给人们的设施仍然是最令人印象深刻的。在罗马所有的渡槽中，法国加尔德的杜加尔德桥仍然是巅峰之作。同时它也是最高的（48.8米——包括水道和一座桥）和保存最完好的。

罗马留下的遗产

一系列惊人的工程创新如何永远改变了罗马共和国，以及后续取代共和国的帝国？

罗马"共和国+帝国"的双重国家形式，以西方前所未有的军事精度立足世界，但它也确保了这一遗产将与结构工程和基础设施领域的一些最具创新性的进步一起延续下去。帝国最终在公元476年衰落，但无论国家形态如何，罗马都重新定义了农业、建筑、公共卫生和物流。

从本质上来说，罗马是一个征服并不断支配其他国家，进而扩张共和国和帝国领土的国家。但随着国家的扩张，将这些不同国土联系在一起变得至关重要。有许多当时技术领先却在中世纪失传的工程，罗马人修建的从首都到王国边缘的道路便是其中之一。据记载，早在公元前500年，罗马就有了公路，但它们的大部分作用只是用来稳定热门的贸易路线。

> 在西班牙，你可以发现两座在建成1900年后仍在使用的罗马水坝——普罗瑟皮纳水坝和科纳尔沃水坝。

罗马人并不是第一个在他们的祖国修建固定道路的人，事实上，伊特鲁里亚人开了先河，但是随着共和国早期罗马国家的大规模扩张，这些道路很快被拆毁，并以罗马风格被重新修建。当罗马人开始修路时，他们也没有半途而废。主要的贸易路线通常用大块的碎石、混在混凝土中的碎瓦片和沙子建造。弯曲的石头也被用来建造曲面，这样水就会顺着它流下来，避免积水成涝。许多公路两边都设有马道、排水沟和人行道。它们不仅仅是美化的土路，更是古代世界新铺设的高速公路。为了支持其上层人员不断增强的扩张愿望，罗马人铺设了横跨共和国和帝国的道路。

罗马的道路系统一度长达40万千米，这一基础设施将整个国家连在了一起，是国家的军

▲ 许多罗马渡槽也经常被用作桥梁，这些都是为车辆和市民通行设计的

罗马人是如何修路的？

从英国寒冷的海岸到罗马城门，罗马道路建设的基本原则在共和国和帝国的大部分地区相对保持不变。首先，勘测员使用一个被称为格罗玛（groma）的大型木制装置。格罗玛的主体是一根长杆，上面有四个旋转辐条。每个轮辐上都附有一个小的袋装重物，勘测员用这个装置来寻找道路最平坦的路线。

一旦用木头标记出来，一个凸起的土墩就被建造起来，被称为阿格（agger）。这基本上是道路的基础，使其高出地面，以便排掉多余的水。一些阿格的宽度可达12米。接着，士兵们将燧石、砾石和大块石板与早期的砂质混凝土混合。

令人惊讶的是，对于一个公开将奴隶制纳入其文化的国家来说，罗马道路的建设不是奴隶工人的活儿，而是罗马军队士兵的工作。这一决定的原因很简单，因为罗马士兵装备更好，更健康，更有纪律性，他们工作的速度更快，效率也更高。

▲ 罗马人几乎在所到之处都建起了桥梁，因为无论他们走到哪里，几乎肯定会赢得胜利，而桥梁意味着让他们更容易掌控未来

亚壁古道是通往罗马最重要的战略道路之一，它直达港口城市布林迪西。

事运输和贸易系统。虽然40万千米中只有8.05万千米是按照同样的高标准铺设的，但总共有29条军用公路从首都延伸出去。如果说罗马城是罗马的心脏，那么那些国道就是流淌时代血液的血管。罗马人也不是随机建造这些道路的——在城市内部，工程师们策划绘制了一张代表每一条贸易路线和通往首都的军事道路的地图（因此，"条条大路通罗马"）。

对罗马人来说，道路的修建和维护也极其重要。在君权上升之前，维护罗马道路的责任落在了监察官的肩上（两位民选领导人每年共同统治罗马）。例如，公元前450年左右的《十二铜表法》规定，一条道路直的地方必须宽2.45米，弯曲的地方必须宽4.90米。罗马法律还规定，任何公民都可以使用这些道路，但除了用于军事目的的车辆外，任何车辆都不得在城市范围内驾驶。

许多罗马道路，特别是那些在罗马城外修建的道路，在中世纪的倒退时期消失了，但这并不意味着这些当时先进的工程实例已经永远消失。

今天仍有一些罗马道路幸存下来，包括最早的一种，那就是亚壁古道。亚壁古道建于公元前312年左右，是通往罗马最重要的战略道路之

喷泉和圣洗池：罗马人对水利工程的痴迷

通过寻找活水的来源，并找到横穿王国的运输方式，罗马人很快就开始痴迷于用水来象征财富与享乐。再加上艺术和雕塑文化的融合，这座城市很快就涌现出大量大理石基座、石雕半身像和雕刻着最华丽设计的喷泉。在其鼎盛时期，每天有14万立方米的水被输入城市，以确保喷泉有足够的水可以运行。

那么，在没有传统发动机的情况下，它们是如何运行的呢？罗马人使用了一系列蓄水池（从顶部向其注水），在这些蓄水池被填满后，水通过陶瓷管道进入厕所、澡堂和喷泉。这些蓄水池产生的水压足以保证喷泉的运行——所以一如既往，罗马人用重力解决了这个问题。

喷泉也不仅仅是富有的象征。许多最大的、最令人难忘的作品是公用的，它们让罗马市民能够方便地使用流入城市的活水。水本身就是一种财富，也是罗马希望与人民分享的财富。

一，可以直接通往港口城市布林迪西（罗马可以在那里迅速补充兵力和补给）。如果想要了解原始建筑的最佳示例，那就请到罗马附近的道路转转，在那里可以看到铺石路和破碎的柱子。

另外，罗马人领先于他们时代的领域还有水利和卫生。罗马人是一个有地位且追求舒适感和物质价值的民族，因此，罗马人无意像他们每个月都在征服的野蛮人那样生活。他们的家中需要一个可以将垃圾带出房屋的厕所，不会让人将其与欧洲中世纪的那种气味联系到一起。

要做到这一点，罗马人必须设计一种将水从自然水源输送到罗马的方法。考虑到意大利多山起伏的地形，他们需要一个管道系统总领各路水源并汇入首都。由于城市内只有几口泉水井，罗马要想扩张和发展，淡水的供应就成了刚需。最后的解决方法是修建渡槽。其实这并不是罗马的发明——就像共和国早期罗马人占有的许多东西一样——事实上它被伊特鲁里亚人所普及——但这是罗马人随着时间的推移而改进的东西，他们将其应用到日常生活中去。

古罗马的渡槽是用虹吸管道和各种桥梁工程在地下和地上建造的，以此保持活水流向罗马。这些渡槽没有经过机械运转，而是依靠重力来输送宝贵的水资源。即使是在地下，输送管道也以渐变的方式建造，它们铺设在拱形管道上，并设有定期检查的舱口。

这些检查对于维持罗马供水也非常重要——即使远在古罗马，人们也知道死水和铅会导致疾病，为人体带来不良影响。因此，大多数用来输送水的管道是陶瓷的，然而，罗马人依旧使用铅内衬，所以铅中毒并不少见。

在地形变得过于陡峭的地方，罗马人有时会使用水箱，以减缓水流的速度，防止水在开放的地上管道中晃动。罗马人甚至在他们的渡槽里建造台阶，以保持水的新鲜度并使其重新充氧。到了帝国时代的初期，罗马庞大且错综复杂的砖砌渡槽网络为超过100万市民提供了自来水，而随着罗马奢华的喷泉和自来水厂的建立，这股水流成为国家的生力军。

作为工程活力的证明，许多渡槽在罗马沦陷后仍在使用，包括罗马高卢的杜加尔德桥（位于现法国南部）。尽管几个世纪以来，许多建筑已经消逝，但罗马的遗存却提醒人们，这个古老的

> 许多罗马的伟大建筑不是由奴隶建造的，而是由健康的士兵建造的。

国家有多先进。

并不是所有流入城市的水源都能达到饮用标准，所以剩余的水被用来冲洗另一套已失传的罗马创新设施：厕所和下水道，它们与现代厕所和下水道有许多共同的特征。罗马式厕所，指市民在木制座位上的一个洞里解手，然后源源不断的水流将里面的东西冲进下水道中，这些下水道在城市底下相互连通。

这些下水道中的污水随后被泵入当地河流中。较贫穷的地区使用公共厕所，而较富裕的家庭则将他们的房屋与下水道相连，以便安装自己的私人厕所。

罗马基础设施的广度并不止于此。罗马人自己组织垃圾收集，建造了第一个澡堂，建造了剧院和剧场。他们建造了水车、风车和旋转磨坊，甚至发明了一种在水下硬化的混凝土。罗马对其基础设施的稳定性感到无比自豪，再加上其令人难以置信的工程创新，人们不禁要问，如果没有随后的中世纪，我们现在的社会进步该有多大。

市政建筑、竞技场和妓院的建设被建筑视觉的统一感所约束，这是一种令人陶醉的融合了工程技术和美学繁荣的美，上面刻着属于罗马的烙印——它涉及王国基础设施中的一切，从水渠中的拱券到装饰每个角落和缝隙的雕像和半身像，它令罗马在整个历史长河中永垂不朽。

参观当今世界的罗马工程实例！

西班牙 迪亚布尔桥
目前横跨加泰罗尼亚自治区的马托雷尔和卡斯特尔比斯巴尔的桥梁并不是罗马人建造的那座原始桥梁（据估计在 1283 年左右建成），但它建立在一座结构上类似于罗马设计的桥梁的基础上，其凯旋门颇具罗马风格。

西班牙 塞戈维亚渡槽
塞戈维亚这座令人印象深刻的渡槽是现存最大、保存最好的罗马渡槽之一，是罗马建造延伸到更广领域的奇迹。这个渡槽仅第一部分就有 36 个半圆拱，但其中的许多部分是在后来岁月中重建的。

意大利 渡槽公园
作为世界上最稀有、最迷人的渡槽之一，渡槽公园汇集了七条不同的渡槽（马西奥、阿尼奥·诺维斯、特普拉、马里亚纳、克劳迪奥、尤利亚和费利斯），它最初是为给罗马做补给而设计的。虽然现在已不再使用，但它们对古罗马工程的独创性提供了一个迷人的实例。

意大利 圣天使桥
圣天使桥又名哈德良桥，公元 134 年哈德良皇帝下命建造。在它的五个拱券中，只有三个保留了古罗马时期的原有，但它整体上仍然保留了许多原有的特征。该桥横跨台伯河，现在也是一个行人专用的交通要道。

法国 韦松拉罗迈纳的罗马桥
韦松拉罗迈纳桥是至今仍屹立在现代法国的许多罗马桥之一，建于公元前 1 世纪。尽管这座桥只有一个拱券，但它至今仍在使用中。一次次的洪水从未摧毁这座坚固的罗马建筑。

通奸者
有私情的上层人士削弱了罗马精英阶层的世袭权力结构，有时会被判死刑。

叛徒
古罗马上层社会中，最严重的罪行之一是背叛或颠覆政治。罪犯可能被放逐，甚至被处死。

颠覆者
上层罗马人，特别是那些政治上有权势的罗马人，在没有适当授权的情况下禁止与军队密切接触，以防他们推翻政府。

小偷和抢劫犯
如果一个小偷或抢劫犯在晚上被当场抓获，他可能会当场被处死。不然的话，他们会在法庭上受审。是否被处罚取决于他们是否为罗马公民。

异教成员
非罗马或非法宗教的信徒被认为是非常危险的。他们经常在城市下面的地下迷宫里躲避罗马警察。

造假者和骗子
中产阶级的罪犯出售赃物、假货或者伪造的度量衡。如果被抓，他们可能会被罚款或被驱逐出境。

古罗马的底层社会

从元老院到街头巷尾,从逃亡的奴隶到奸诈的贵族,犯罪在古罗马的每个角落盛行。

古罗马犯罪问题十分普遍。抢劫很常见,暴力和暴乱也很常见。商人欺骗他们的顾客,绝望的奴隶定期逃跑并加入藏身于城市地下的不法分子团伙中。对于社会上层来说,富人和贵族经常卷入秘密或颠覆性的阴谋中。

在古罗马的街道下面潜伏着一些城市里最危险的罪犯,这些地下迷宫是由隧道和洞穴组成的大杂院,是逃跑的奴隶和非法宗教者的家园,地下迷宫是他们的藏身之处。

地下迷宫阴暗、潮湿、布满害虫、幽闭、窄小,堆满了原先住民的尸体,不是人们想待的地方。逃跑的奴隶想尽快离开那里,不仅仅是因为恶劣的环境。公元前71年,罗马将一位名叫斯巴达克斯的越狱角斗士钉死在十字架上,大部分人认为他是一群越狱者的头目。他和他的同伴发动了第三次奴隶战争,这场战争持续了两年,

逃跑的奴隶和角斗士
逃离罗马奴隶制度的奴隶,如果被抓住,就会被当场处决,或者在以后以更痛苦和更另类的方式被处决。

古罗马统治下的世界

休息和避难所

地下迷宫是一个由隧道和通道组成的网络组织，它是在罗马地下的软火山岩中挖掘出来的，是希伯来人和早期基督徒在公元2世纪到5世纪建造的地下墓地。通常情况下，楼梯会通向地面以下10至15米。许多回廊会岔开，伸向四面八方，宽度足以让两个人抬着棺材行走。这些洞穴为基督徒在受迫害期间提供临时避难所。

晦涩难懂的符号帮助其他罪犯在洞穴中穿行，告诉他们在黑暗、恶臭的迷宫中该走哪条路。

最终导致罗马对逃跑的奴隶做出更严厉的判决。由于不想被抓住,奴隶们在出城的路上把这些地下迷宫当作一个临时的藏身之处。

邪教团体更倾向于留在地下世界的洞穴中。不过,犯罪并不局限于字面意义上的底层人民。任何看当天新闻的人都会熟悉罗马的街头犯罪。在古罗马,关于涂鸦、盗窃、骚乱和暴力犯罪的流行文章和今天关于贫民区反社会行为的新闻报道一样常见。例如,诗人尤文纳尔的描述包括从讨厌的噪声、吵闹的人群、乱扔垃圾到抢劫和入室盗窃。

在古罗马,走在一条普通的街道上,意味着要在一大堆抢劫犯和小偷中间行走。公共道路嘈杂拥挤,偷东西很容易——小偷可以从受害者的腰带上抓起或切下一个钱包,甚至在他们被发现之前就已隐匿在人群中。往往会有些仆人或卫兵陪同上层罗马人进入底层地区,希望以此能阻止潜在的抢劫犯。普通的城市居民就面临着更多的麻烦,他们经常抱怨被人拦下撞倒。在街上被大摇大摆地撞倒也是一种公开的打劫,小偷们打着帮助受害者站起来的幌子实施犯罪。

这个城市较贫穷的居民,即底层的"平民",组成了下层街道的罪犯。他们通常都很穷,食物不足——醋和豆子是他们的晚餐——所以他们犯罪的动机不是贪婪,而是贫穷。普通的罗马人从帝国建立之初就抱怨贫穷,并把他们

> 在古罗马,最严重的犯罪之一就是弑父,即杀害自己的父亲。

《垂死的角斗士》,费奥多尔·布朗尼科夫绘,1856年。斗兽场的戏剧性故事至今仍吸引着艺术家和电影制作人

的悲惨命运与上层阶级的美好生活进行对比。在如此贫困且社会充满不满的情况下,许多底层人民为了生存而犯罪。即使是从同辈身上偷来的几枚硬币,也能买到更好的食物,或是便宜的葡萄酒,帮助他们暂时忘记贫穷。

然而,酗酒导致了另一系列问题:酗酒暴力。尤文纳尔在他的第三部讽刺作品中谈道,他被一个酒鬼搭讪和被抢劫一样恼火。公众酗酒往往是暴民和暴乱的根源,这些暴乱——纵火、掠夺商品和产品、破坏财产——周期性地困扰着古罗马。因此,奥古斯都皇帝在其统治后期建立了两支警察部队:城市守望者——一个兼任城市消防的安全部门——和防暴警察。

每隔一段时间,警察部队就会接到命令,把下层犯罪分子从城市或农村的某个特定地区以及附近的村庄清除出去。在罗马的平民社会中,低级犯罪是如此深藏不露,以至于通常情况下,这样做的唯一后果就是把问题从一个地区转移到另一个地区,这些地区基本上都是贫困地区。但是中产阶级有他们自己的犯罪形式——他们犯下了更为深思熟虑、更为有利可图的罪行。

▶ 针对古罗马的底层人犯罪，罗马的第一位皇帝奥古斯都颁布了许多法律。这座1世纪的雕像在梵蒂冈博物馆

欺骗、诈骗和伪造每天都在罗马的街道和市场上发生。古罗马有独特的廉价假货设计、发薪日贷款诈骗和粮食恐慌的问题。伪造假币和珠宝也是这个城市存在的问题。一些商人会把沙砾掺入谷物，或者将海水注入葡萄酒。另一些人则以非法的高利率将钱借出，并把借款人所有的东西都拿走。根据他们的社会地位，这些商人和放债人可能会受到从公开鞭打到支付赔偿金不等的一系列惩罚。

商人比下层街头罪犯的受教育程度高且组织严密。他们不会冲动行事，而是精心策划自己的罪行以及如何应对被捕。中产阶级的罗马商人经常组织工会这样的团体，虽然这其中的许多人都是守法公民，但确实存在着奇怪的刑事合议庭。合议庭的集体基金和有组织的法律地位意味着他们有资源和权力，可以在必要时帮助其成员摆脱困境。刑事合议庭是古罗马最接近黑手党的地方，他们的运作原则基本相同——团结一致，保持沉默，赚钱。由于这些行会组织的存在，即使一名刑事合议庭成员被抓获，他也可以指望聘请一名体面的律师，以避免被罚款或驱逐出境。最坏的情况是，罚款会使他完全破产，他可能被迫成为奴隶来偿还债务。

犯罪活动在城市高层中从未停止——事实上，精英阶层的高级别墅是另一种犯罪活动的温床。贵族阶级的罗马人不需要偷窃或诈骗。他们出生在一个继承财富的世界里，这是下层阶级和中产阶级渴望的。他们的生活和一般人有很大的不同，他们的罪行也是如此，从罗马共和国到罗马帝国的过渡时期尤其如此，那时叛国罪成为任何罗马人都可能犯下的最严重罪行之一。我们今天最熟悉的罗马上层社会的罪行当数策划阴谋和暗杀。我们常常认为罗马上层社会是煽动叛乱和阴谋的温床，事实上许多人确实以某种方式犯下了叛国罪。然而，背信弃义并不仅指阴谋或暗杀，而是代表着任何会威胁到罗马的事情，"永恒之城"的概念或许比居住在其中的人们更重要。

男性精英总会面临一种危险，那就是一些聪明的年轻将军或政

◀ 罗马罪犯在角斗士竞技场被扔到狮子面前受罚。这幅马赛克作品来自罗马时期的突尼斯，可追溯到公元3世纪

一对一的法律
罗马阶级制度中的罪刑

自由罗马公民

一个自由的罗马公民,如果被发现偷窃或作弊行骗,会在法庭上被起诉,并根据他的行为被罚款两到四倍。如果他犯下了特别严重的罪行,比如通奸、贿赂或伪造金钱和文件,他可能会被终身驱逐出境。他只有在犯了非常严重的谋杀或叛国罪的情况下,才会被判处死刑,而且可以被私下处决,而不是公开处决。他在法庭上的法定辩护人必须是同阶级的人。

◀ 穿着斗篷的自由罗马公民的雕像

非公民的下层阶级

一个罗马下层阶级的成员——一个贫穷的、非公民的"平民"——可能会比一个自由的公民受到更严厉的惩罚。他如果在晚上被抓到抢劫他人,就可能会面临死刑,有时会被当场执行。但是,如果他在案发后被捕,或者犯了除了夜间抢劫或谋杀之外的罪行,那么他可以在法庭上为自己辩护。他在法庭上的法律辩护人可以是"任何关心他的人"。

▲ 如果被判有罪,非公民将受到更严厉的惩罚

古罗马的律师

罗马法院的辩护

据说罗马拥有世界上最早的律师,他们可以为自由公民和任何没有犯下死刑的下层非公民提供律师服务。在法庭审理案件时,当着地方行政长官(法官)的面,律师可以代表他的当事人并为其辩护。律师的主要职责是证明其委托人无罪,或者减轻对其委托人犯罪的处罚。然而,并非所有的罗马律师都是生来平等的。一些人为富有的贵族家庭服务,他们自己也很富有,很有地位——"律师为时髦的衣服拼命。"尤文纳尔写道。普通公民和非公民无法接触到精英阶层的高级律师,尽管合议庭的成员可以汇集资源和影响力,为其成员聘请更昂贵的律师。然而,为较穷客户提供服务的律师有时会收到农产品或食品作为报酬。下层阶级能够在法庭上得到训练有素的法律辩护,但他们的律师基本上和他们的客户一样穷。

治家可能会认为,在统治这座城市及随之产生的帝国方面,他能做得比现任统治者更好。一些最严重的上层罪行包括向军队行贿和弑父。弑父意味着杀了父亲或家人。虽然这在罗马社会各阶层都是令人震惊的罪行,但在贵族阶层却是最严重的。家主象征着小皇帝,象征着统治、继承和既定秩序。违反这一点就违反了罗马帝国的原则。通奸也成为统治阶层的一种犯罪,因为它会威胁到家族继承制度。

犯罪是古罗马各行各业面临的一个重大问题。尽管这些罪行及其惩罚在严重性、执行力和动机上各不相同,但归根结底,它们都围绕着同样的需求和愿望:更多的钱和更多的权力。

古罗马有独特的廉价假货设计、发薪日贷款诈骗和粮食恐慌的问题。

▲《西塞罗怒斥喀提林》,塞萨尔·马卡里绘,1899年,马达马宫,罗马。西塞罗是一位以杰出的演讲技能而闻名的律师,但诗人尤文纳尔写道:如果西塞罗不戴一枚镶有超大钻石的戒指的话,就没有人会让他打官司

罗马的刑罚
从残酷到非同寻常的刑罚

钉刑
钉在十字架上，任其死去
罪犯被捆绑或钉在十字架上，由于肺衰竭窒息而死。该刑罚通常用于奴隶、海盗、基督徒和其他非公民。

溺刑
缝在麻袋里淹死
这种对弑父罪的另类惩罚是把罪犯缝进一个袋子里，扔进河里或海里。再后来，也会把一条狗和一只鸡一起放到袋子里，有些故事甚至提到将一只猴子和一条蛇放入其中。

流放
几年到终身不等
除了最坏的情况，上流社会的罗马罪犯通常被驱逐出境。流放可能会持续几年到终身，同时剥夺罪犯的财产和权利。

竞技场
娱乐角斗士
奴隶们可能会被判到竞技场充当角斗士——纯粹为了娱乐罗马公众而战斗至死的战士。

奴役
无力支付
欺诈者或小偷如果不能支付受害者的部分或全部赔偿金，就可能被受害者奴役。

罚款
高达原价值的四倍
对于轻度和非暴力犯罪，对罗马公民最常见的惩罚是罚款。

体罚
公开殴打
犯轻罪的非公民会受到更严厉的惩罚，通常是被用鞭子公开抽打。

兽刑
成为动物的食物
人们把一些罪犯和一群狮子一起放进公共竞技场，这些罪犯最后会被它们吃掉。

鲜血、勇气和角斗士

从欣赏美丽的诗歌到为一个嗜血的角斗士欢呼助威，罗马人确实很懂如何享受他们的休闲时间。

娱乐和赛事活动是罗马人生活的中心，他们既追求文化，又追求刺激的视觉体验，这使得罗马人在闲暇时间忙得不可开交。这些活动被皇帝用来控制贫穷闲散的群众，以防止任何潜在的叛乱。但更多人会选择享受由他们的邻居伊特鲁里亚人启发，进而形成的伟大纯粹的散文、优雅的拉丁诗和艺术。

大部分罗马人是有文化的，或者说至少有一些文化。他们去图书馆看书，欣赏像尤文纳尔这样的讽刺作家的作品，1738年尤文纳尔仍显示出他的影响力，诗人塞缪尔·约翰逊在他的作品《伦敦》中模仿尤文纳尔的讽刺三部曲。但是罗马人并不满足于专注艺术：他们开始喜欢刺激的视觉体验，主要指残酷的事件所带来的感官冲击。统治者们深知这一点，并利用大型游戏来掩盖帝国斗争的裂痕。

他们最大的"创新"是真正地将赛事运动从一种玩乐的东西变成一种可以观看的娱乐，他们以此歌颂人类的运动能力，在更大程度上，他们比希腊人还能从击败强大的竞争对手的成就中获得巨大的荣誉。巨大的竞技场和体育场支配着罗马居民，它们成为引以为豪的强大焦点。观众也变得非常有组织性，大型球队希望从比赛中获得最好的结果。

不过，个人和团体可以在远离大型活动场所的地方追寻自我。因为他们想得到食物和娱乐，所以"面包与马戏"盛行起来。棋盘游戏非常受市民欢迎，双人策略棋盘游戏借鉴了军事战术，并在整个帝国盛行。井字棋（更广为人知的名字是圈叉游戏）流传至今，在古罗马时代一直锻炼着人们的思维能力。

乡村是猎人和休闲垂钓者的家园。除此之外，娱乐活动还有拳击、摔跤、游泳、投掷和骑马，还有一种足球，叫作"哈帕斯托姆"（Harpastum），是在球场上进行的。在绘画中，它被描绘成两支队伍的比赛，目的似乎是把球保持在自己的半场，这种娱乐被看作保持士兵健康的一种方式。

▼ 公元4世纪，意大利特拉诺瓦的马赛克，描绘了罗马角斗士的战斗

每一个女性角斗士都是奴隶，她们在公元1世纪的罗马竞技场上很常见。

鲜血与荣耀之地

野兽不会使人们畏惧。事实上,这会让市民成群结队地涌向体育场。

古罗马人热爱血腥的运动,650多年来,几万人来到这里,欣赏角斗和战车比赛的凶猛场面,钦佩参与者的勇气。同时,这些运动因其内在的危险而兴盛。然而,这种娱乐形式却从未被视为野蛮或残忍,而是受到欢迎和庆祝,被视为定义罗马文明的方式。由于帝国公民十分重视身体健康,特别是对于那些广受宣传的富有赞助商来说,那些参加的人往往被视为力量的化身。

无论是参赛者还是观众,体育运动往往都是男性的事。罗马建造了巨大的体育场和竞技场,包括从公元前80年建成的、可容纳多达8万名观众的壮观斗兽场,到帕拉蒂尼山上巨大、狭长的马克西姆斯竞技场,那里可容纳多达25万名观众。自从体育运动风靡帝国以来,我们共发现了230多座古代竞技场,所有这些都是公民自豪感的源泉,许多竞技场覆盖着大理石并装饰着雕像。

> 米利阿里乌斯是授予赢得1000多场比赛的车手或马的称号。

人们可以自由地参加各种活动,这是皇帝让自己广受欢迎的一种手段。罗马人会抓住观看体育比赛的机会,把一整天时间都花在这上面。这种场合的巨大人气意味着,即使是最大的场馆也往往变得拥挤不堪,导致那些想进去的人互相争斗。但与如今不同的是,他们所关注的那些与演出事业相关的人,即使在体育界中,社会地位也十分低下。虽然观众会有自己喜爱的选手,一些参赛者也会因此变得非常有名,但这些参赛者通常都是奴隶、罪犯或战俘。

◀ 这幅镶嵌在利比亚的黎波里民众国博物馆的马赛克作品可以追溯到公元80年之前,展示了1世纪罗马的娱乐活动

▲ 法国画家让·莱昂·热罗姆于1872年创作的一幅画，描绘了一位角斗士被人群判处死刑的情景

有鉴于此，我们可以断定，罗马人认为参赛者是可有可无的。虽然肯定会有真人参加比赛，但在现实中，罗马体育实际上是象征性的。角斗起源于富有贵族的葬礼（第一次是公元前264年为纪念朱尼厄斯·布鲁特斯·贝拉而举行，三名奴隶被选中在博阿留姆广场参加战斗）。在这种情况下，角斗不是为了杀斗的刺激，而是因为相信洒下的鲜血会帮助净化死者的灵魂。

这种战斗会给一个家族带来政治威望，这就是葬礼表演变得更加复杂，涉及更多角斗士的原因。最终，皇帝们开始以自己的名义把角斗作为娱乐节目来演出，再次为这项运动带来了人气。这里有复杂的规章制度，角斗士也有自己的战斗风格。比赛非常可能具有策略性。

事实上，人们喜欢看到技巧性的竞赛。例如，许多罗马人热衷于重装盾剑角斗士和强击型角斗士之间的比赛。他们不同大小的盾牌迫使他们采取不同的方式来伤害对手，这为比赛提供了一种令人兴奋的战术气氛。这种风格混搭的爱好延伸到了其他古老运动中：让不同的动物对峙——也许是大象对狮子——确实让人群热血沸腾。

但是在战车比赛中还可以清楚地看到罗马人痴狂的其他原因，那就是作为一个赌徒的梦想。作为战车手——奴隶或前奴隶身后有教练、兽医和铁匠等大型专业团队的支持——每天会有超过12场比赛（有些时候24场），观众砸入大量的赌资，情绪随着输赢大起大落。有四支队伍——白队、红队、蓝队和绿队——参赛，而增加的赌资只会增强兴奋感。但这并不是说这是一项危险性更小的运动，许多战车手仍会受伤或死亡。更温和的运动是指那些与比赛同时上演的骑术表演。罗马人在娱乐方面的品味非常多样化。

事实上，一般剧院可容纳1.5万人，而且常

▲ 这幅19世纪的画作受威廉·T.沃尔特斯委托创作，展示了基督教殉道者在被野兽吞噬前的祈祷——这是古罗马的另一种"娱乐"形式

常拥挤不堪。因此，为了让坐在最糟糕位置的观众能明白剧情，演员的服装暗示他们的地位和角色：富人穿紫色，穷人穿红色，士兵穿短斗篷，奴隶穿短上衣。尤其在喜剧中会出现一些固定的角色，女性最终会出现在戏剧中，她们有时赤身裸体，但通常都戴着沉重的面具。

男女在社会环境中通常是互相隔离的，其中包括很受大众欢迎的浴室。罗马人在那里与朋友或熟人社交，连续数小时清洗和放松身体。男女有不同的洗澡时间，男人在下午洗澡并健身。澡堂还兼作表演场所（外面的街道也是如此），有杂技演员和魔术师提供快捷、有趣的娱乐。对于更博学的人来说，建筑内的图书馆可以为他们提供书籍。

古罗马还提供锻炼设施，再次满足了他们对健身的渴望。他们并不像希腊人那样狂热地追求锻炼，只是在健身房和开放空间进行一些健身活动。一些罗马人喜欢打球，尤其是三人球（Trigon）。三个人站成三角形，左手掷球，右手接球。运动员们还将参加公共比赛和节日活动——他们周末不休息，而周末对其他人来说是休息日。"努力工作，尽情娱乐"似乎是罗马人的座右铭。

男人在下午洗澡并健身。

罗马最受欢迎的运动

在古罗马，体育和娱乐是同义词，因为运动员成了吸引大批观众的著名偶像。

角斗士

角斗士的战斗并不是让多个角斗士参与一场没有规则的厮杀，而是由两个训练有素的人来进行有组织和裁判的战斗。学习格斗技术需要花费大量的时间和金钱，同时，考虑到培训师将收取的死亡费用，他们并不愿意让角斗士死亡。

战车比赛

战车比赛是妇女可以观看的少数几个运动之一，同时它自身极具危险性。多达 25 万人将挤在帕拉蒂尼山上狭长的马克西姆斯竞技场内，一队队的马车在场内飞驰，完成七次逆时针旋转。战车通常由四匹马拉动，但有时也会用更多马匹。轮子撞到石头上、骑手们争先恐后争斗的时候会令人血脉偾张。

▲ 在所有的可观看运动中，最受欢迎的是武装人员参与激烈的战斗，这吸引罗马人蜂拥进竞技场

▲ 据说罗马的创始人罗慕路斯用战车比赛来分散萨宾人的注意力

野兽

罗马人会以在竞技场上观看猎人展示技能来开始新的一天。从大象到狮子，各种野生动物被扔在一起战斗。竞技场会用乔木和灌木装饰，以达到更好的视觉效果。

水上运动

竞技场的巨大空间被水淹没，这样竞争对手之间就可以模拟进行大规模的海战。这个场景发生在罗马斗兽场和马克西姆斯竞技场，在那里，小型古代船只相互战斗。这迎合了罗马人对壮观场面的喜爱，也迎合了皇帝炫耀的嗜好。在水上运动中的俘虏被称为水斗士（naiunachiarii）。

▲ 无论是被召唤来耍把戏还是与其他野兽搏斗，野兽都是运动表演的一部分

▲ 把海战表演成大众娱乐节目是一种令人惊叹的奇观

有趣的戏剧和严肃的戏剧

罗马人沉浸在舞蹈、诗歌和戏剧的狂欢中，同时也有时间锻炼和放松。

虽然罗马人更喜欢角斗士和战车比赛这类大型场面，但仍有许多人喜好智力性的娱乐。帝国的戏剧以希腊戏剧为基础，它们是音乐剧、传统戏剧和情景喜剧的发源地。有以道德和爱国主义为基调的诗歌，也有闹剧和讽刺作品。虽然罗马人觉得他们的艺术不如希腊艺术，但他们有很多属于自己的高水准作品。

罗马历史学家李维认为，第一场戏剧表演是在公元前364年举行的，舞者和音乐家来自伊特鲁里亚，他们相信戏剧表演可以阻止瘟疫。滑稽戏变得非常流行，它把歌曲和口语对话结合在一起，以夸张的方式把滑稽的场景带到了生活中。但罗马发明的哑剧引起了更大的共鸣，观众们喜欢这些不说话的蒙面舞者用他们的身体和有节奏

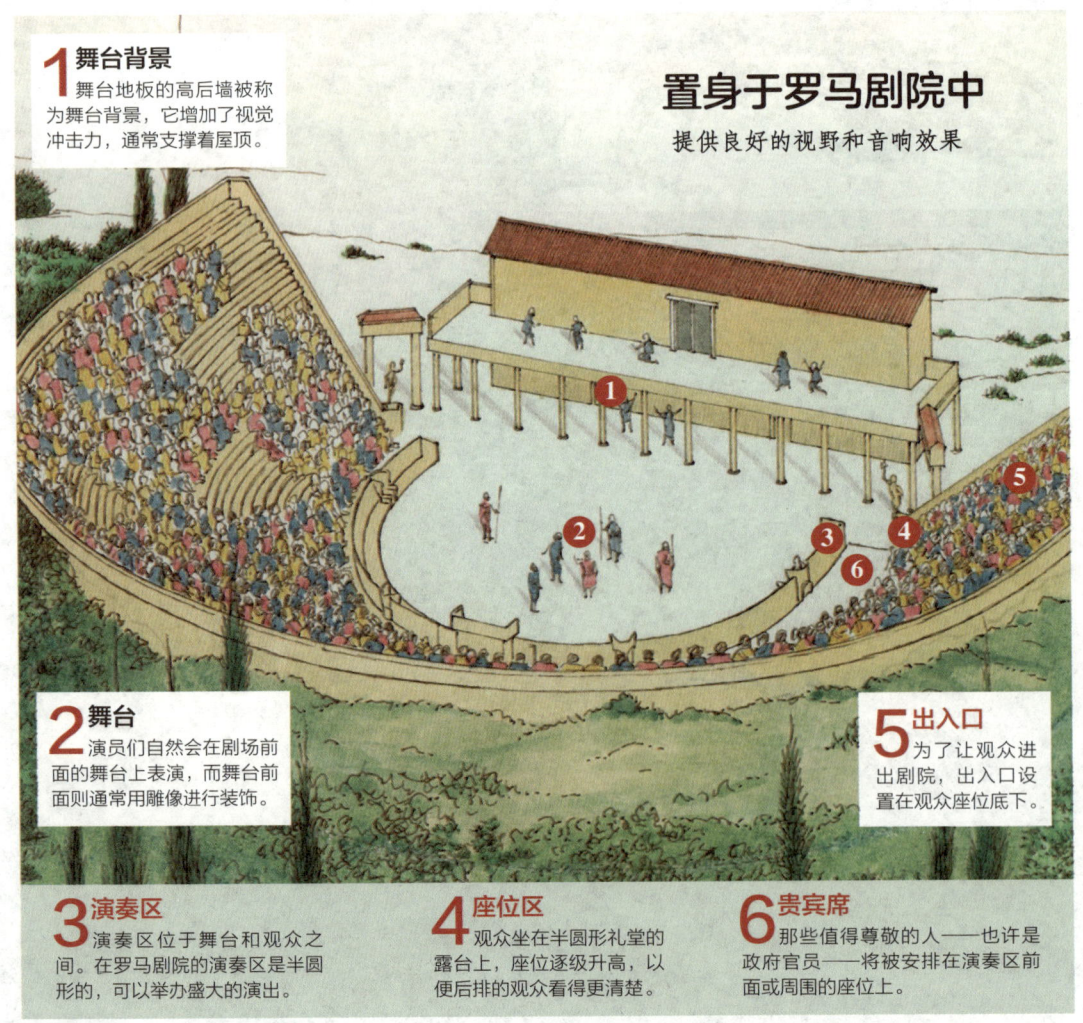

置身于罗马剧院中
提供良好的视野和音响效果

1 舞台背景
舞台地板的高后墙被称为舞台背景，它增加了视觉冲击力，通常支撑着屋顶。

2 舞台
演员们自然会在剧场前面的舞台上表演，而舞台前面则通常用雕像进行装饰。

3 演奏区
演奏区位于舞台和观众之间。在罗马剧院的演奏区是半圆形的，可以举办盛大的演出。

4 座位区
观众坐在半圆形礼堂的露台上，座位逐级升高，以便后排的观众看得更清楚。

5 出入口
为了让观众进出剧院，出入口设置在观众座位底下。

6 贵宾席
那些值得尊敬的人——也许是政府官员——将被安排在演奏区前面或周围的座位上。

的手势来扮演不同的角色。

希腊罗马剧作家、史诗诗人卢修斯·李维乌斯·安德罗尼库斯出生于公元前284年，他将希腊作品翻译成拉丁语，预示着通俗严肃戏剧的开始。后来，提图斯·麦克修斯·普劳图斯引入了文学喜剧，创作了130多部戏剧，其中只有20部被完整地保存下来。普布留斯·泰伦提乌斯·阿非尔——或者泰伦斯——写了《安德里亚》（《来自安德罗斯的女孩》），这是一部深受当时最受欢迎的剧作家凯西利乌斯·斯特歇斯喜爱的喜剧。然而，悲剧就不那么受欢迎了，据说这是因为剧院的规模太大，声学上不适合口语对话。

> 到公元350年，罗马共有29个图书馆，市民们喜欢阅读长条莎草纸。

已发现的剧院和体育场遗迹

罗马最著名的体育场是斗兽场，建于公元80年，即罗马帝国统治数百年后，但它只是众多体育场、竞技场和剧院中的一个，其余数百座遍布各省。

罗马人将他们自己的工程技术运用到了这些建筑中：例如，与希腊不同的是，露天剧院不需要建在凹陷的地面上，因为它们的半圆可以建立在拱顶上。有证据表明这些建筑遍布古罗马曾经的领土，至今仍屹立不倒。

在英国，切斯特的罗马圆形剧场从公元1世纪起就是最大的，但在西尔切斯特、科尔切斯特、赛伦塞斯特、多尔切斯特、伦敦和圣奥尔本斯等地也都发现了遗迹。2003年，考古学家在西班牙科尔多瓦发现了欧洲第二大圆形剧场（仅次于罗马竞技场）。突尼斯的乌西纳和埃尔德杰姆竞技场、意大利的维罗纳竞技场和克罗地亚宏伟的普拉竞技场也是值得参观的好地方。

·71·

马克西姆斯竞技场

走进罗马最好的竞技场，人们在这里尽情享受。

在古罗马时期，马克西姆斯竞技场是相当于现代音乐厅的存在。这座巨大的运动场馆举办了许多令人兴奋、血脉偾张却危险的活动，整个城市享受其中。竞技场最初建于公元前6世纪，是一条战车赛道，位于帕拉蒂尼和阿文汀山之间的山谷中。它的主要目的是主办罗马运动会，这是该城市最古老和最著名的运动会。赛事于每年9月举行，是长达15天的危险刺激的战车比赛。

战车比赛不是随便的消遣：对于那些从赛道上胜利活着出来的勇敢车手来说，他们可以获得巨额的金钱和个人奖励。与现代足球运动员类似，战车手也深受粉丝喜爱并以其英勇的胜利而闻名。然而，获胜并不是一件容易的事，所有参加比赛的人都冒着生命危险，为名利而拼搏。不同的战车车队被涂上绿、红、蓝、白的颜色，不同车队的支持者之间竞争激烈，有时甚至会引发暴力冲突。所用的战车与军事战车相似，车手就在观众的脚下比赛。急转弯是激烈比赛中最危险的部分，战车可能会被撞翻碾碎。虽然设法让对手撞车是严重的违法行为，但撞车行为仍然非常普遍。

马克西姆斯竞技场不仅举办战车比赛，还举办各种其他惊险活动，如野生动物狩猎、角斗士争斗和公开处决。它也是一些不那么刺激的活动的举办场所，比如宗教仪式、公共宴会和戏剧。直到6世纪，该地一直被用于战车比赛，随后被遗弃，它的许多

皇室包厢
在帕拉蒂尼山的宫殿区的高处是室包厢。这里是皇帝和皇室成员观赛事的地方。皇帝并不是唯一拥有自己包厢的人：那里有永久的观礼台和私人包厢，供许多有有势的公民（如政治家和议员）使

座位
马克西姆斯竞技场刚建成时，座位是用木头做的，只供社会精英使用。后来又增加了平民的座位，但木架经常会腐烂，后来石质座位取代了木质座位。恺撒把座位数量扩充到几乎环绕整个赛道。座位上升了三层楼高，只有最高的座位是木制的。

启动信号
比赛从12个被称为卡塞雷斯（carceres）的大门开始，入口两边各有6个。城门是沿着一条微曲的线条建造的，所以战车的赛程都是相等的。裁判长坐在大门上方，降下一面白旗，示意比赛开始，这时大门打开，比赛开始。

材料被用于建筑工程。自19世纪中叶以来，发掘工作已经发现了更多的原始座位，如今这里是一个大型公园，用于举办音乐会并庆祝节日。

观众
奥运会是罗马历法上最重要的事情之一。从农民到皇帝，社会各阶层的人都聚集在估计能容纳15万人的竞技场里。

开幕式
比赛开始前会有一支队伍穿过竞技场。在赛道上，神像被隆重展出，有的在马车上，有的在架子上，还有的在男人的肩膀上。其后跟着步行和骑马的随从，身后是舞蹈演员、音乐家和角斗士。游行之后是宗教人士举行的神圣仪式。

中央分离带
中央分离带是一个砖墙屏障，几乎贯穿整个竞技场的中心。这堵墙约宽3.5米，高1.2米。奥古斯都皇帝在中间竖立了一座方尖碑，方尖碑高达40米，是从埃及运来的。战车会绕着中央分离带的两头转，中央分离带的两端有三个装饰的锥体保护着。

蛋和海豚
中央分离带末端有两根柱子，柱子上有大理石横杆。在这些横杆上有巨大的雕刻蛋，每当战车跑完一圈，其中一枚蛋就会被移走，以显示还剩多少圈。人们认为蛋是罗马的神圣守护神卡斯特与波卢克斯的象征。在公元前33年，大型青铜海豚也被加入其中，为人们提供赛事进展信息。

赛道
竞技场本身是一个长长的长方形，长621米，宽118米，周长约1.6千米。后来，在跑道和座位之间开辟了一条3米宽、3米深的运河，既保护了观众，又帮助了排水。

竞赛者
战车手社会地位低下，他们通常是奴隶或自由民。尤其对奴隶们来说，他们可以通过赢得比赛获得一些东西，只要他们赢得了足够多的胜利，就可以买到自由。通常，战车手没有自己的战车和马匹，而是使用较富裕公民的战车和马匹。这意味着，由于妇女能够拥有战车，尽管她们不被允许涉足赛事，但也可以凭借物主身份获胜。

外面
庆祝活动并不局限于竞技场内。马克西姆斯竞技场外面有许多商店向观众开放。每一家商店都有一个独立的入口和出口来容纳大量到访的人，以单向流动避免过度拥挤的风险。迪奥西尼写道，这片商店区域居住着厨师、占星家和妓女，也是公元64年发生火灾的地方。

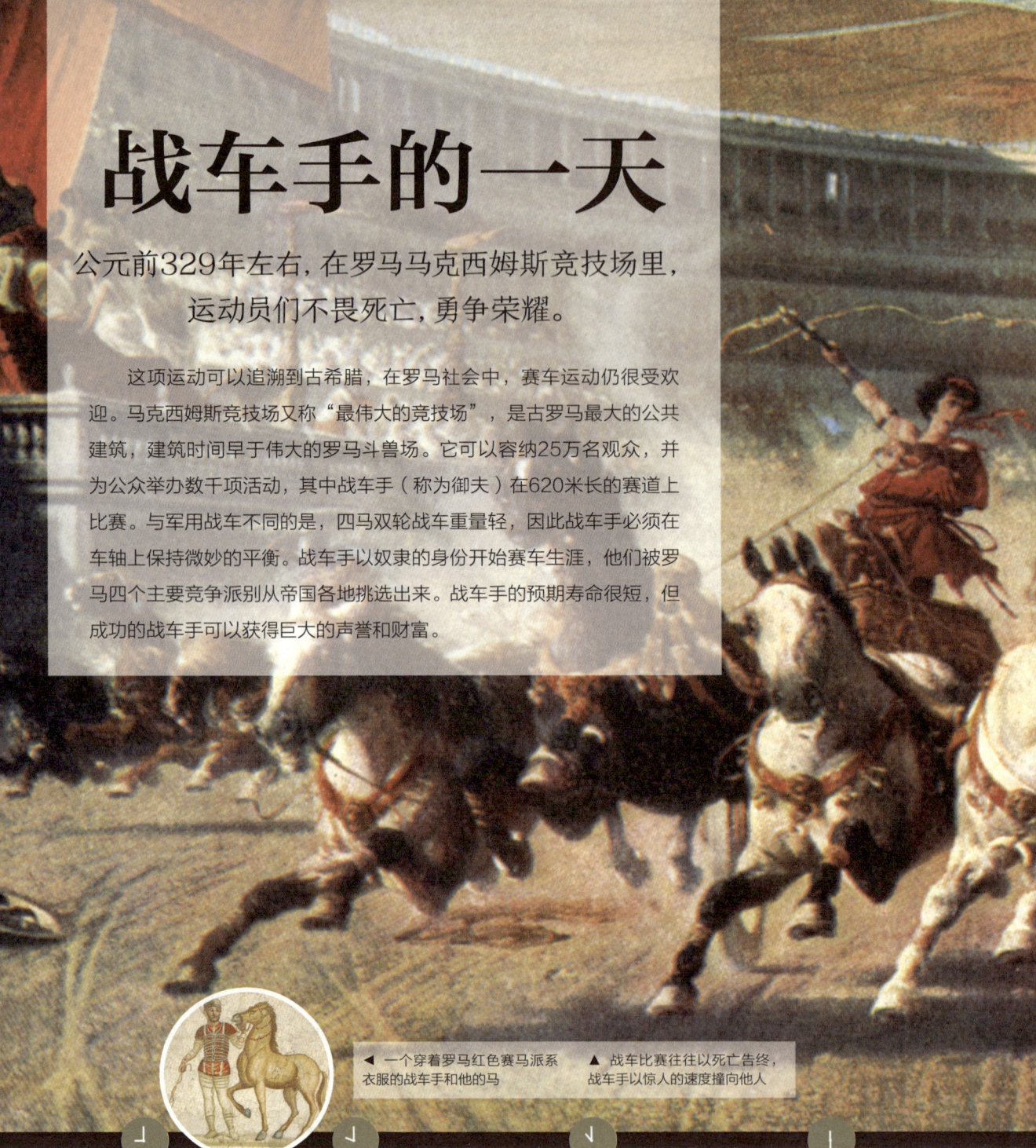

战车手的一天

公元前329年左右，在罗马马克西姆斯竞技场里，运动员们不畏死亡，勇争荣耀。

这项运动可以追溯到古希腊，在罗马社会中，赛车运动仍很受欢迎。马克西姆斯竞技场又称"最伟大的竞技场"，是古罗马最大的公共建筑，建筑时间早于伟大的罗马斗兽场。它可以容纳25万名观众，并为公众举办数千项活动，其中战车手（称为御夫）在620米长的赛道上比赛。与军用战车不同的是，四马双轮战车重量轻，因此战车手必须在车轴上保持微妙的平衡。战车手以奴隶的身份开始赛车生涯，他们被罗马四个主要竞争派别从帝国各地挑选出来。战车手的预期寿命很短，但成功的战车手可以获得巨大的声誉和财富。

◀ 一个穿着罗马红色赛马派系衣服的战车手和他的马

▲ 战车比赛往往以死亡告终，战车手以惊人的速度撞向他人

马厩里的赛前准备
为培育帝国最好的马，每个战车队都付出了高昂的代价，而这些马往往比大多数战车手更为珍贵。在比赛开始前，马厩里的仆人们会忙着准备涂着该派别颜色的四轮马车。管理员——马厩的监督员——将确保所有的马和战车手都准备好迎接即将到来的比赛。

主赛事训练
四马战车中最左边的那匹马是最训练有素的，因为当它在竞技场赛道中心的中央分离带旁边冲刺时，它必须无所畏惧。每个战车手都会熟练地控制所有的马，有时多达八匹——他们用左手指挥，用右手挥鞭。

蓄意破坏、赌博和诅咒
战车队的支持者同样强烈地感受到了各竞赛派系之间的激烈竞争。据记载，他们将诅咒写在石板上，祈求神给敌对的战车手带来不幸。马匹有时会被对手的粉丝，甚至是对手阵营的马厩工作人员毒死，所以即使在比赛前，战车手也必须保持警惕。

开幕式游行
由当天比赛的主要赞助商率领的游行队伍入场——是的，那时就已经有赞助商了——开启一天的比赛。某些神通常在比赛日被选为荣耀之神，所以举着火星和木星雕像的祭司也会参加游行。音乐家及比赛队伍也将参加游行，向聚集的人群展示各自派别的颜色。

我们是怎么得知这些的?

在荷马的《伊利亚特》中,战车比赛被首次提及,还描写了阿喀琉斯举办比赛和游戏。罗马诗人尤文纳尔在作品中也写了赛马的受欢迎程度,提到了让普通人娱乐的"面包与马戏"。盖乌斯·阿普利乌斯·迪奥克利斯是一位著名的战车手,他的职业生涯持续了惊人的24年。他从18岁起就在罗马的赛车派系中崭露头角,共赢得了1462场比赛。

如果一个战车手被撞车,他就得割断缰绳,否则很可能被踩死。

▶ 撞车是很常见的,经常会导致战车在赛道内侧堆积起来

起始位置

参加比赛的共有12个战车队,每个阵营三个,他们聚集在起跑线上或者依据赛道宽度而建造的起跑门附近。每一个战车手都要马的四根缰绳绑在腰上,这样也就可以用自己的体重更好地控制马匹。他们都会等候诸如地方法官或城市行政长官这种官员发出的信号,然后开始比赛。

赛车

比赛开始时,会有一个瞬间的机会在赛场上获得一个好位置,那就是尽可能接近中央分离带。战车通过与战车相撞以及用鞭子鞭策马匹来占据上风。如果一个战车手被撞车,他必须用刀迅速把自己从缰绳上割下来,否则很可能会被竞争对手踩死。

绕场庆祝胜利

获胜的战车手将获得由赛事官员颁发的棕榈枝和桂冠。整个赛队会获得奖金,并在其支持者的欢呼声中绕竞技场游行。特别成功的战车手被人们(尤其是被"暴民")视为英雄,并且往往能够攒钱赎身。甚至存在一些战车手通过赛事变得非常富有的例子。

俱乐部聚会

在罗马,红、绿、白、蓝的每一个战车竞赛派系都在城市中设有俱乐部。在这里,车迷和工作人员会聚集在一起庆祝胜利,赞美他们的战车手,即使他们只是在致命的比赛中幸存下来。战车手的预期寿命如此之短,以至于只要在一天结束时还活着,那么这件事就值得庆祝。

罗马的伟人和皇帝

那些军事和政治领袖使罗马成为有史以来最令人难忘的帝国之一

- 79　罗马帝国的王朝更迭
- 82　恺撒的掌权之路
- 94　3月15日
- 96　罗马之音：马尔库斯·图利乌斯·西塞罗
- 103　十个最卑鄙的古罗马人
- 114　罗马之石：尤利亚·玛伊莎女皇
- 120　君士坦丁的十字军东征

▲ 如图所示，尤利乌斯·恺撒成为罗马皇帝的典型（从掌权之路和最终命运上来说都是如此）

罗马帝国的王朝更迭

从共和国的早期到帝国最后的黑暗时刻，
罗马的历代王朝都塑造了这个国家及其命运。

罗马曾由九个无比强大的朝代统治，正是在它们的统治下，这个国家不断提升其权力高度。在这段历史中，元首政治是共和国结束后首先出现的政治制度，在共和国结束后，罗马凭借军事力量扩张成为当时世界上最强大的国家之一。元首制起源于皇帝地位的形成，共和国的民主结构被抛弃，整个王国的权力都交给了一个人。

奥古斯都是开辟这个时代的第一人，他意识到，完全由皇帝把控权力可能会让人民心生反意，因此他保留了元老院，但元老院最终还是向他妥协了。尽管元老院并不能发挥其应有的作用，但这个机构仍旧持续运行了300年。

三世纪危机之后，罗马的政治阶层发生了变化，皇帝不断巩固自己的权力地位。这意味着皇权统治时代的开始，在那个时代，皇帝们对一切有可能威胁其皇位安全的领域实行个人控制。这也是一个政治不稳和巨变的时期，罗马在联合统治方面进行了短暂的试验（微妙地模仿了共和国时代），随后罗马帝国分裂为东、西罗马帝国，此举最终决定了罗马和罗马帝国的命运。

> 尽管罗马帝国以其政治效率而闻名，但它经常饱受政治和社会动荡的困扰。

加尔巴 公元68—公元69年

康茂德 公元177—公元192年

依拉加巴路斯 公元218—公元222年

提比略 公元14—公元27年

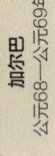

提图斯 公元79—公元81年

韦帕芗终成为皇帝并结束了国内动乱。

佩蒂纳克斯 公元193年

罗马再次发现自己陷入了一些有影响力的人物之间的权力斗争,随之而来的是对皇位的谋杀和觊觎。

亚历山大·塞维鲁是这个王朝最后一位皇帝,虽然他一开始十分受欢迎,但却很快沦为笑柄,虚弱的朋友将他抛弃,留下一人决为乱

朱里亚·克劳狄王朝 公元前27—公元68年

该王朝共有五位皇帝,奥古斯都都开创了朱里亚·克劳狄王朝并创造了罗马首创管理模式(元老院和皇帝同时存在,但元老院最终屈从于王朝中最有权势的人)。其中,许多元首皇帝并延续着自然继承人,所以大多数人都通过收养来选择最终继承者并延续王朝。奥古斯都所到这段统治的时间,是罗马马平裂的时期,甚至连元老院都一度试图夺回权力。罗马基督徒至公元64年被烧毁迫害,致成上的老院内讧和偏袒使得某些坡拉为王朝竞争对手的家族受到

四帝之年 公元68—公元69年

尼禄自杀后,罗马陷入内战。皇帝的家族试图推举自家人成为皇帝候选人。在韦帕芗崛起之前,有三个人陆续成为帝国:加尔巴、奥托和维特里乌斯。

弗拉维王朝 公元69—公元96年

弗拉维王朝在内战期间争取了政权,虽然这个朝的统治时间相对较短,但这个家族确实做出了一些重大改变。弗拉维王朝第一任皇帝韦帕芗的新税收政策有助于改善财政状况,而在铸造罗马硬币时加入银则改善了经济状况。

涅尔瓦—安敦尼王朝 公元96—公元192年

涅尔瓦—安敦尼王朝的七位皇帝让罗马进入了一个更加和平且成功的时代。这是一个修复皇帝、军队和人民之间关系的修整期,图拉真和哈德良也证了一个世纪的统治。涅尔瓦,图拉真和哈德良也受欢迎的皇帝之一世纪的统治。前三位皇帝尤其努力地接受皇帝之一,世纪的统治。以此确保合适的继承人可以继承皇位。虽然历代皇帝大多收养政策,但他们之间多有血缘关系不很紧密,这一点在安敦尼王朝时期的一些奥勒留、庇护、马可·奥勒留、路奇乌斯·维鲁斯和康茂德的接任期间延续着。

五帝年 公元193年

康茂德遇刺后,他的禁卫军最终在三个月内谋杀了他的继任者佩蒂纳克斯,狄第乌斯·尤利安努斯替他成为新的皇帝,但随后他被塞普蒂米乌斯·塞维鲁处死。塞维鲁在内战时与他人共同执政。

塞维鲁王朝 公元193—公元235年

塞维鲁王朝见证了内战的结束,但同时也见证了帝国的权力宝座因政治讧和动乱而引发的动荡。这些都预示着塞普蒂米乌斯·塞维鲁

奥古斯都 公元前27—公元14年

罗马在这一年陷入内战,四人被陆续提升为皇帝:加尔巴、奥托、维特里乌斯和韦帕芗。

塞普蒂米乌斯·塞维鲁 公元193—公元211年

韦帕芗的次子(也是第三位皇帝)图密善在公元96年被暗杀,他的长期支持者涅尔瓦取代了他的位置。

韦帕芗 公元69—公元79年

马可·奥勒留 公元161—公元180年

塞维鲁与劳狄乌斯·阿尔比努斯同执政,后者在最后夺权时被击败。

亚历山大·塞维鲁 公元222—公元235年

奥勒良 公元270—公元275年

戴克里先 公元284—公元305年

李锡尼一世 公元308—公元324年

瓦伦提尼安二世 公元375—公元392年

霍诺留 公元395—公元423年

朱利乌斯·尼波斯 公元474—公元475年

三世纪危机 公元235—公元284年

随着最后一位君主亚历山大·塞维鲁被他的将军们谋杀，罗马帝国陷入了迄今为止最血腥的内部冲突之中。三世纪危机，或者说是帝国危机，持续了将近半个世纪，有26人被元老院承认为恺撒（也就是官方认可的皇帝），冲突激烈如此，以至于帝国三分：高卢帝国（由高卢和不列颠尼亚组成）以及其余部分的罗马国、帕尔米拉帝国（包括罗马国东方行省和罗马国叙利亚行省）。

直到奥朝良统一帝国，有效地结束了3世纪危机，真正地把有控制权。

四帝共治 公元284—公元313年

危机结束后，罗马帝国出现了一种新的统治方式，权力被平均分配给四个人——戴克里先、伽列里乌斯、马克西米安和克洛卢斯。每个人都统治着帝国的不同部分。

君士坦丁王朝 公元306—公元363年

君士坦丁王朝见证了统治或"专制"时代的真正开始。在这个时代，单一的强大统治的概念被抛弃开始，随后发生的一系列军事和宗教动乱永远改变了这个王国。君士坦丁的血脉（每个人成员都用这个名字）实际上是从君士坦提乌斯、克洛卢斯开始延续的，直到他的儿子君士坦丁大帝基，罗马（仍分为东、西两个王国）才被统一起来。

瓦伦蒂尼安王朝 公元364—公元392年

瓦伦蒂尼安王朝将设置成四帝共治式的统治模式，因为罗马被有意地分为东部和西部地区，由一对联合统治者共同统治。这个决定使帝国永远分裂。

狄奥多西王朝 公元379—公元457年

最后一个统治罗马青年帝国的家族之一，它率先统治了东罗马帝国，但也在公元394年短暂地将两个帝国合并由一个家族统治。

西罗马帝国的末代皇帝 公元457—公元518年

当东罗马帝国（一以某种形式存在的实体，一直存活到15世纪）潜入拜占庭的手中时，西罗马帝国变成了一个自立方寻求权力在寻求的有钱人和有势力的人手中寻夺藏权力的空壳形式的分为五裂。西罗马帝国并没有在辉煌中灭亡，而是随着最后一个占领者的死亡而逐渐消失。

我们可以认为这是西罗马帝国的终结。

马克西姆·特拉克斯 公元235—公元238年

君士坦提乌斯·克洛卢斯 公元293—公元306年

经过20年的统治，戴克里先和马克西米安双双退位，另外两人成为联合元首，克洛卢斯的儿子君士坦丁成为胜利者。

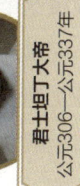

君士坦丁大帝 公元306—公元337年

瓦伦蒂尼安一世 公元364—公元375年

瓦伦蒂尼安是兄弟中的最年长，尼安统治着西罗马位，其死亡但仍然是一个谜，但许多人认为他死于自杀或暗杀。

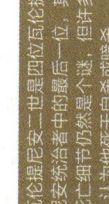

狄奥多西王朝最后一个统治东罗马帝国的西方家族。从朋之后，这个王国在拜占庭的手中占庭人统治。

安特米乌斯 公元467—公元472年

恺撒的掌权之路

一个人的野心和天赋是如何让罗马从共和走向独裁的？

从公元前100年恺撒出生，到公元前49年他违法越过卢比孔河，等同于向元老院宣战，罗马元老院就是一个战场，在那里，权力被狡猾、阴谋和武力夺走。这个火药桶在公元前88年点燃了一系列内战和叛乱中的第一次冲突，保守派精英与日益壮大的平民派展开了战斗：罗马到处都是演说家、将士和政治家互相夺权的场景。在盖乌斯·尤利乌斯·恺撒的身上可以看到这三种身份的影子。

恺撒知道自己能做什么，想要什么，当恺撒看到机会时，他抓住了机会。他的狡猾、冷酷和野心将改变西欧乃至其他地区的面貌。经过几十年的愤怒和抗议、崇拜和奉承，只有杀了恺撒才能最终阻止他的野心。即使他的血液在元老院地板上冷却，但毫无疑问的是，他带来的改变已经不可逆转。

恺撒从小就展现出了利于他在腐败的罗马政界中前进的品质。公元前82年，当恺撒18岁时，他的家族正处于危险的境地。他们通过联姻，与炙手可热的盖乌斯·马略执政官捆绑在一起，因此，当马略的死敌苏拉武力夺取政权时，他们必须向这个新政权投降以求生存。

苏拉命令恺撒放弃朱庇特大祭司的职位，并与马略老盟友秦纳的女儿科涅莉亚离婚。带着近乎自我了断的固执念头，恺撒拒绝妥协并藏了起来，直到他母亲说服苏拉放缓这个念头。恺撒没有茫然地等待苏拉的原谅，而是迈出了第一步，也是他漫长而又卓越的职业生涯的第一步。他参军后前往亚洲为帝国而战。他很快在战斗中证明了自己——他因救

> 尽管他们的爱情是一段传奇，但是恺撒不可能娶克娄巴特拉，因为她不是罗马公民。

恺撒
公元前 100—公元前 44 年

简介 恺撒是罗马的将军、政治家、执政官和著名的拉丁文散文家。他作为一名军事领袖和政治家,在导致罗马扩张领土、罗马共和国灭亡以及罗马帝国从灰烬中崛起的事件中发挥了关键作用。

恺撒之前的罗马

在恺撒登上元老院议席之前，罗马的政治体系被分成两部分：贵族派①和平民派。每一位政治家都表明了他们对自由的信仰，但问题是，这两个群体对自由究竟意味着什么有不同的看法。

元老院已经变成了一个由贵族派把控的私人俱乐部，在那里，特权、地位和人脉意味着权力。然而，这种自由主义理想对平民派来说意义不同，平民派在国民议会中发出了自己的声音。这两个团体都认为他们的行动是为了共和国的最大利益，并且都在宣言中使用了"自由"一词，但是他们几乎没有达成任何协议，导致政治局面十分混乱。

平民派和保守主义者将在国民议会中面对面为人民投票而战。尽管民意看似肯定会投给平民派，但保守党也有很多赞成票。那些有能力在罗马境外旅行的选民往往会站在精英一边，而其他人则很容易受贿。对这种腐败的愤怒，加上政府在高卢和北非的军事失败，导致了任何一个担任执政官的人地位不稳。

盖乌斯·马略被选为改善罗马海外军事行动的元帅并深受欢迎。当贵族派的将军苏拉因为同样的原因当选时，平民派惊慌失措，并试图召回他。愤怒的苏拉做出回应，处决了提出这一命令的护民官，并自封为罗马独裁者，煽动罗马第一次内战。马略和苏拉一直在争夺权力，直到前者自然死亡后，反对苏拉的声音才彻底消失。他在剩余的就任时间中致力于削弱平民派的影响，增强保守党的力量。

当苏拉在公元前78年去世时，人民希望元老院中可以有人为他们发声，而尤利乌斯·恺撒已经准备好为他们而战了。

了一名士兵的命而赢得了公民王冠（罗马士兵可获得的最高军事勋章之一）。

这种对战友的奉献精神是恺撒在军队生涯中的基石，因为他知道士兵的尊重和忠诚是多么重要。然而，当他被派去从比提尼亚国王尼科梅德斯那里获得舰队时，谣言动摇了他无瑕的名声。不管谣言是否属实，恺撒抓住一切机会予以强烈否认。虽然谣言从未完全消失，但这并没有阻挡他前进的脚步。

苏拉在公元前78年去世，毫无疑问这是恺撒重返罗马的好时机。他已经证明了自己是一名优秀将士，现在是他展示其他才能的时候了。他涉足法律，充分利用了他的另一个伟大才能——他的声音。恺撒是一位有魅力和说服力的演说家，他充分运用了这一优势。罗马的政治体系一直处于一种不平衡状态，即占据元老院的富有精英和反对社会不平等的平民派之间的不平衡。恺撒瞄准了贵族中的腐败，他的演讲天赋帮助他赢得了民众支持。恺撒需要人民的爱戴，他做出每一个举动后都会仔细观察他们的反应。

他颇受欢迎的原因不仅仅是他在法庭上哗众取宠的表现。公众都喜欢好的故事，而恺撒投其所好地创造好的故事。公元前75年，他在航行到希腊时被海盗抓获，海盗计划用20他连得（古希腊重量单位）金子来勒索他。恺撒不希望自己的赎金只有这么一点点，所以把这个想法告诉了他们。最后，他说服抓捕他的人把赎金提高到50他连得金子。

和恺撒一起传回罗马的故事内容是，他们之间弥漫着一种活泼、愉快的气氛，在这种气氛中，恺撒承诺在他获释后，他将追捕并杀死他们，作为对他们罪行的惩罚。海盗们并不相信他的话，这是一个致命的错误。恺撒一获释，就率领一支队伍将他们俘虏、囚禁并钉死在十字架上。这的确是残酷的处理方式，但恺撒一直盯着人群，并表现出一定程度的仁慈。

---

① 晚期罗马共和国的精英派系。——译者注。

▲ 恺撒最坚定的反对者之一——马尔库斯·波尔基乌斯·加图在元老院发表演讲

恺撒的登顶之路

在共和国实行独裁统治需要进行一番严格的职业规划

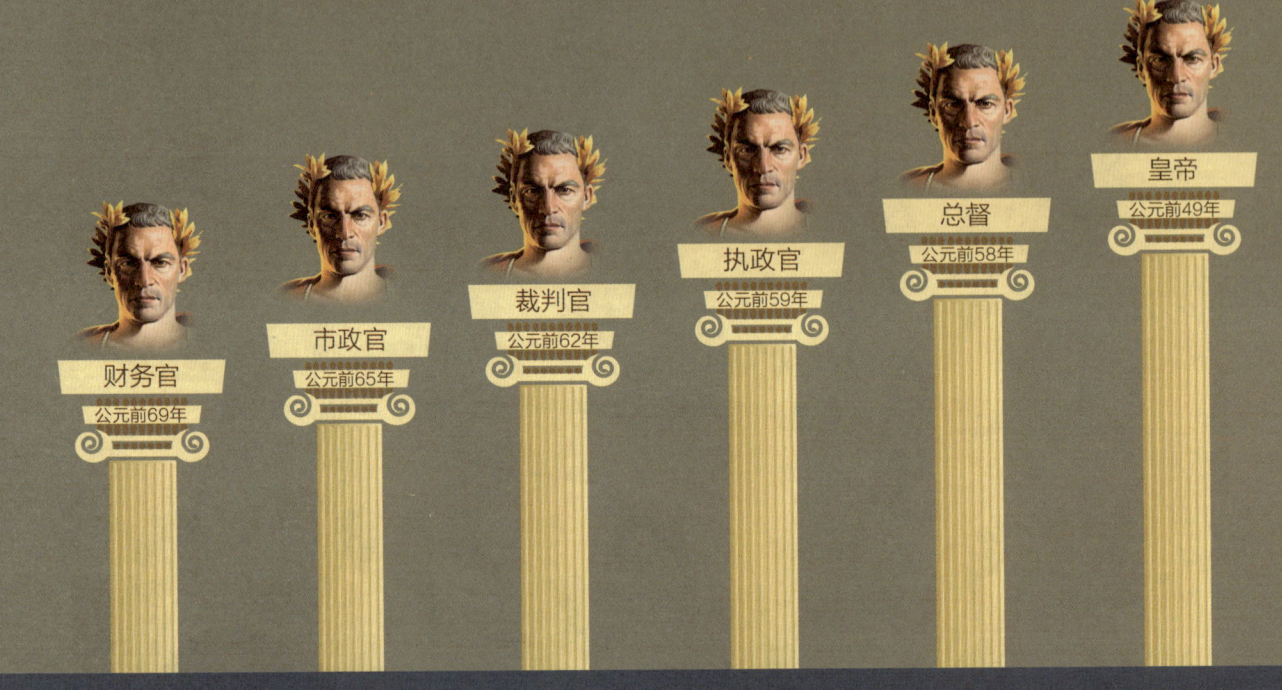

财务官 公元前69年

公元前69年，恺撒被选为贝提卡（安达卢西亚）的财务官。这一职位类似于治安官或会计。恺撒监督该地区的财政，并在必要时进行调查。这一角色可能激发了他对一个运行严密的帝国的憧憬，以及他后来对罗马基础设施的创新。

市政官 公元前65年

市政官负责组织娱乐活动并维护罗马的公共建筑和市场。恺撒利用这一职位，举办大型角斗士比赛，有640多名角斗士参加，赢得了公众的青睐。元老院对这件事所带来的热度十分警惕，并对一个人所拥有的角斗士数量进行了限制，但很显然，恺撒知道老百姓想要什么。

裁判官 公元前62年

裁判官的工作内容结合了市政官和财务官的职责。他们是监督民事事务的高级治安法官，而其他人则有专门的法庭负责。在没有执政官的情况下，裁判官掌权，离执政官的职位只有一步之遥，此时恺撒的对手开始焦虑，因为他没有展现出丝毫放慢脚步的迹象。

执政官 公元前59年

执政官是罗马人废除君主制后建立的由两个人共同担任的领导职位。由于执政官控制了共和国的财政、军事和司法系统，权力也很大。尽管执政官应该听取元老院的建议，但在他们结束任期之前，元老院不能对他们进行审判。

总督 公元前58年

州长或者说地方总督是一个地方职位，与执政官的许多职责相同。通常情况下，执政官之后的职位就是总督，这个职位有利可图，权力强大，且在任期结束前没有被起诉的风险。作为高卢总督，恺撒将如今的法国和比利时囊入罗马帝国之中，并冒险远征英国。

皇帝 公元前49年

皇帝这个职位是在恺撒试图找到一个与其职责相匹配的头衔而没有被命名为国王时产生的。他担任了几个不同的职位，如总督和执政官，却没有自己的头衔。他不再被迫接受元老院的建议，他深入参与了罗马基础设施建设的各个方面。

当他于公元前63年从市政官升迁到大祭司，再到公元前62年升职为裁判官时，他深陷债务之中。

当小亚细亚爆发战斗时,恺撒获得了一个在战场上考验自己领导力的机会。恺撒组建一支军队,保卫了罗马的领土,并让他的指挥官发动反击。他以英雄的身份回国,很快就被选为军事护民官,随后不久又被任命为西班牙南部和葡萄牙的地方财务官。

他在就任期间负责该地区的财政,这为他带来了一些官场和行政上的经验,是他今后的有利资本。当他回到罗马参加茱莉亚姑妈的葬礼时,恺撒作了悼词,没有人再怀疑他的野心和自信。在这次发言中,他重申,他已故姑妈的显赫血统可以追溯到神本身。在场的人不会忘记,恺撒正借此机会提醒大家,他也拥有神之族的血脉。神的后裔不会满足于只做一个地方法官。

回到罗马后,恺撒迈出了通往政治之路的第一步,并很快表明他不会停止前进的脚步。虽然恺撒宣扬反腐,但他却积极贿赂任何可能帮助他的人。尽管他于公元前63年从市政官升迁到大祭司,再到公元前62年升职为裁判官,看似前途无量,但事实上,他深陷债务之中,并面临着一些可怕的敌人——特别是表面上清廉的议员马尔库斯·波尔基乌斯·加图(又称小加图)。

当恺撒被迫接连从两起丑闻中脱身时,一次对他来说几乎致命的打击发生了。许多人认为,他参与了喀提林刺杀时任执政官西塞罗的计划,同时他被迫与妻子离婚,因为很明显,妻子对善德女神的丑闻负有部分责任。前一个阴谋涉及推翻政府,后一个阴谋显然是一个男人参加了一个全部由女性参加的宗教仪式,因而亵渎了这个仪式,这令人十分尴尬。恺撒为这两起丑闻付出了高昂的代价,他倾家荡产以摆脱事件对他所带来的影响。如果他有任何进一步的打算——他显然是有的——恺撒不仅需要更多的钱,还需要得到一些支持。

他的财政支持来自极其富有的马库斯·克拉苏。克拉苏年轻时曾与苏拉并肩作战,因此声名鹊起,但他真正的才能在于靠房产赚钱和买卖奴隶。恺撒的债务太重了,他甚至不能在还债之前离开罗马去西班牙就职。幸运的是,克拉苏看到了恺撒在公众中的人气,同意帮他偿还一些债务,让恺撒继续在西班牙战争中取得更多的军事胜利。

在帮助该地区摆脱债务之前,他摧毁了反叛部落并掠夺了他们的城市。恺撒又一次衣锦还乡,成为一位英雄,随后他将目光投向执政官。他下定决心要获得这个职位,为了在截止日期前提出申请,他放弃了在城里举行阅兵式的机会。奉承可以等,但掌权不能等。

> 恺撒的降生方式在当时并不普遍,他是通过剖腹产出生的,这种做法在罗马时代就已经存在了。

▲ 第十军团的旗手带领冲锋队进入英国本土

前三头同盟

由恺撒亲自召集,
这三人在金钱、军事力量和政治诡诈方面形成了完美的平衡。

恺撒大帝

当克拉苏为前三头同盟提供黄金,庞培提供军事力量时,恺撒带来了政治头脑和野心。我们不应该低估调和两位仇家的困难程度,但恺撒使他们相信,他执政所给予他们的回报将远远超过任何小型争斗。前三头同盟一经形成,恺撒就使用残酷的战术,以确保他得到他想要的。他主持的竞选活动非常肮脏,这迫使以诚实著称的加图不得不通过行贿来确保他的女婿当选为联合执政官。

马库斯·克拉苏

恺撒需要财政支持才能竞选执政官,而克拉苏的财富来源并不光明。他通过不正当的房地产交易、采矿业务以及奴隶买卖积累了巨额的个人财富。克拉苏有能力为恺撒的军事行动提供资金,收买任何可能阻碍他的人。一旦恺撒说服克拉苏放下与庞培的长期竞争,前三头同盟就有了一家银行。他最后与帕提亚人战斗而死,据说帕提亚人在处决他后将熔化的黄金倒进了他的嘴里。

格涅乌斯·庞培

庞培是一位著名的将军,曾在苏拉手下服役。然而在新政权下,他很恼火,因为他们没有履行他对叙利亚和犹太军队所作的承诺。他同意在恺撒的竞选活动中发挥自己的力量,作为交换,恺撒保证一旦当选就会让他成为统治者。随着庞培与恺撒的女儿茱莉亚的婚事达成,这位将军的军队开始胁迫和恐吓恺撒的反对者。然而,一旦恺撒去了高卢,庞培很快就开始嫉妒他的成功和声望。

他可能十分有钱，当然也很受欢迎，但恺撒知道，他需要用武力来打击元老院中的敌人，让他们保持沉默。他脑中灵光一现，求助于一位德高望重的将军，即克拉苏最激烈的竞争对手——格涅乌斯·庞培。公元前62年，庞培从叙利亚和犹太的战役中归来，这些战役非常成功，让罗马元老院感到紧张。为了限制他的权力，他们无视他要求批准缔结的条约和他对士兵所作的承诺。将军急于支持一个能把事情办好并让他重整旗鼓的人。

恺撒使克拉苏和庞培相信，权力的好处值得他们抛开分歧，于是公元前60年形成了第一个三头同盟国家。为了达成协议，庞培娶了恺撒的女儿茱莉亚，而恺撒娶了克拉苏的一个朋友的女儿卡尔普尼亚。这个政治联盟吓坏了元老院，尤其是加图，他直接站在这位雄心勃勃的候选人的对立面。

接下来发生的是一场肮脏又卑鄙的政治运动，甚至连以诚实著称的加图也被迫以贿赂的方式来阻止恺撒。但这并不起作用。凭借金钱、武

▲ 恺撒越过卢比孔河进入意大利，使共和国陷入内战

庞培大受欢迎，他深信把恺撒从政治舞台上除名是正确的。

力和狡诈，恺撒的竞选之路势不可当，他在公元前59年被选为执政官。

当他照顾他的朋友时（庞培被任命为西班牙总督，克拉苏被任命为将军），恺撒在任职执政官期间强化了他冷酷无情的名声。如果他的说服力还不够的话，庞培的士兵们会恐吓元老院的任何反对党。恺撒的联合执政官（加图的女婿）比布卢斯不住地抱怨：他受到了恐吓和忽视，以至于这位联合执政官最终为了家人的安全而逃离。

据传庞培的士兵甚至把一桶粪便倒在他的头上。恺撒并没有将这份粗暴对待局限于他的同事。他因不同意加图的意见而将其监禁，并利用庞培的士兵清除反对派的势力。他的做法太离谱了，一旦他离任，肯定会因罪行而受到审判。恺撒深知这一点，于是他不顾加图的反对，将高卢的总督任期延长到五年，以便他在被起诉前离开罗马。是时候让恺撒面对更大规模的冲突了。

加图担心恺撒会利用他在高卢的地位挑起冲

法萨卢斯之战

庞培从西班牙的军团中撤退，逃到希腊去集结另一支军队。恺撒在西方消灭了老盟友的军队后，向东追击而去。

与庞培不同，恺撒在希腊没有盟友。他寡不敌众，增援和补给都被切断了。他的军队完全是凭着意志力才得以继续作战，但恺撒知道他没有时间了。他需要一个公平的比赛场地，于是他离开大海走进大山，希望庞培能跟上来。

与此同时，庞培在迪拉希姆大胜恺撒的军队，这使他感到振奋，但遗憾的是，如果他当初一鼓作气，就可以一劳永逸地打败敌人了。当庞培在法萨卢斯附近赶上恺撒时，他试图饿死恺撒，而作为回击，恺撒想诱使他开战。双方陷入僵局，直到庞培的议员不耐烦地告诉他，他们现在就想要胜利。

尽管庞培拥有更高的阵地、更好的补给和更充沛的军队，但他仍使用了恺撒非常熟悉的战术。当庞培试图包抄恺撒的军队时，他没有看到他的对手已经安排了一队隐藏的第四线步兵。庞培的侧翼骑兵冲锋，但没有预料到随后的野蛮反击。按照指示，恺撒的军队用标枪向骑兵刺去，吓坏了庞培队伍中年轻的贵族指挥官，因为他们不习惯这种凶猛的战术。骑兵撤退了，第四线步兵紧追其后，接着是新的第三线。庞培的军队被镇压，将军本人逃到了埃及。恺撒赢得了内战的决定性战役。

背水一战

在恺撒几乎被打败之前，法萨卢斯之战是恺撒的最后一战。如果他在这里被打败，内战就会以庞培胜利返回罗马而告终。恺撒的军队明白这一点，他们的将军告诉他们："此战必胜。"

突,他的担心之后被证明是合理的。恺撒立即着手挑起瑞士部落赫尔维蒂人的战争,这相当于多年残酷而又广泛的战役的发令枪。他的攻击无情又大胆,他对敌人的反应机智又准确。

公元前57—公元前55年,恺撒征服高卢和日耳曼部落,随后他乘船前往英国。尽管他并没有在英吉利海峡两岸取得持久成功,但正如加图所担心的那样,有关恺撒丰功伟绩的故事传回了罗马。有消息传到元老院,说高卢在公元前53年被平定。加图可以宣称恺撒的行为是为了他自己的利益,而不是为了帝国的利益,但是人民因为恺撒保护罗马而爱戴他。恺撒十分懂得如何取悦大众,他冬天在意大利附近扎营,让自己的胜利故事(更不用说财富)慢慢地流传下来。

就在他在北欧发动战争的时候,恺撒意识到他作为总督的时代马上就要结束。他非常清楚,一旦回到罗马,无论是作为执政官还是作为将军,他都将面临一系列的指控。他在德国发动野蛮激烈的战争以避免失去声望。恺撒越是远征,他积累的财富就越大,征募的士兵就越多。与罗马战士不同的是,这些来自高卢和德国的人对帝国没有忠诚:他们只忠于自己的将军,恺撒给了他们很好的回报。

当他回到罗马后,元老院充分意识到了恺撒的残酷战略和不断增长的军事实力。为了确保尽可能顺利地对他审判,他们与恺撒的老朋友庞

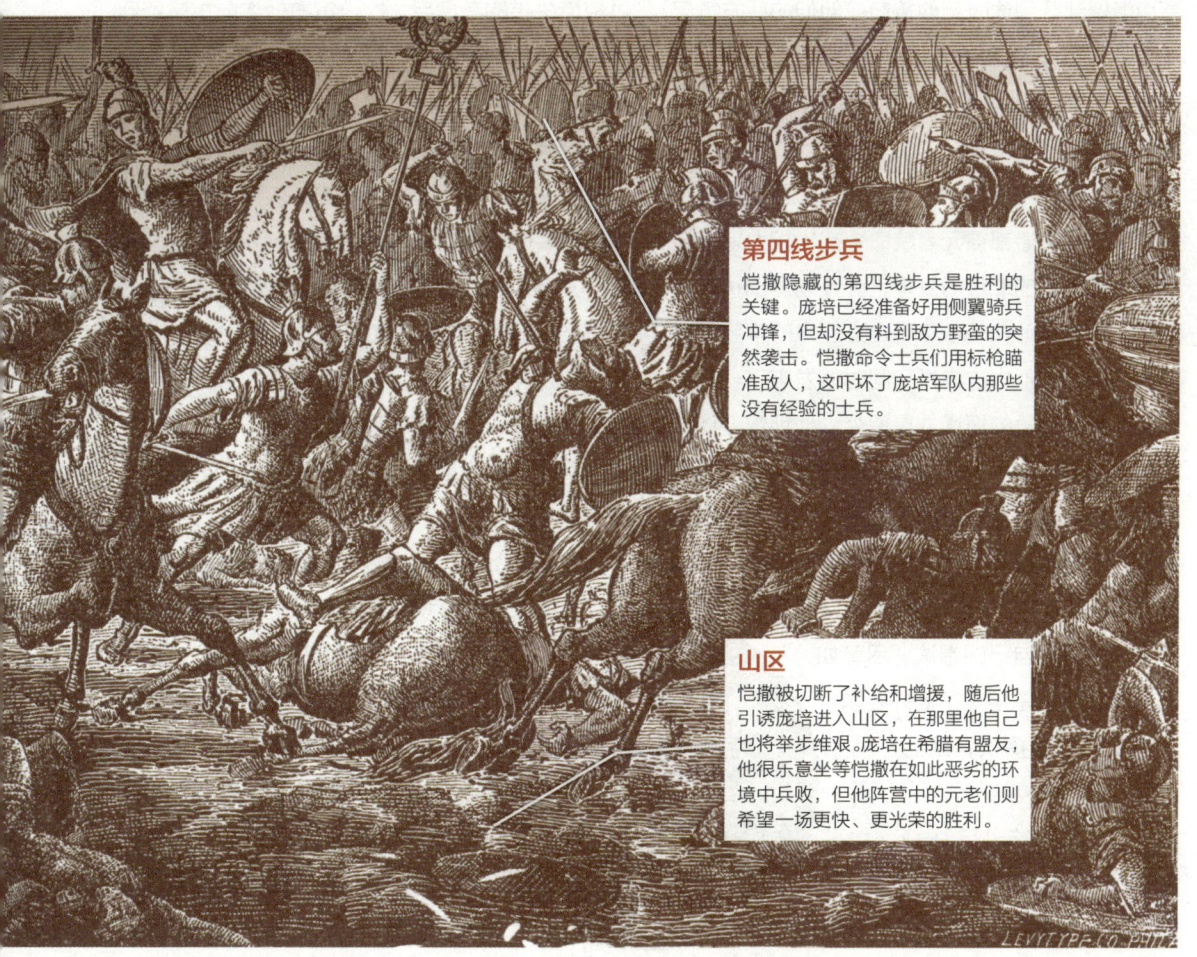

第四线步兵
恺撒隐藏的第四线步兵是胜利的关键。庞培已经准备好用侧翼骑兵冲锋,但却没有料到敌方野蛮的突然袭击。恺撒命令士兵们用标枪瞄准敌人,这吓坏了庞培军队内那些没有经验的士兵。

山区
恺撒被切断了补给和增援,随后他引诱庞培进入山区,在那里他自己也将举步维艰。庞培在希腊有盟友,他很乐意坐等恺撒在如此恶劣的环境中兵败,但他阵营中的元老们则希望一场更快、更光荣的胜利。

培结盟。恺撒与庞培的关系一直建立在后者与恺撒的女儿茱莉亚结婚的基础上，但茱莉亚在公元前54年去世。三人组的第三人克拉苏，在公元前53年与帕提亚人战斗时死亡，庞培越来越嫉妒恺撒的成功和声望。由于三巨头之间的联合关系不复存在，元老院明白庞培对恺撒的忠诚开始存疑。

当庞培在公元前52年被选为唯一执政官来处理暴乱时，他的成功获得了贵族的认可。庞培被自己的胜利和在元老院中突然崛起的声望所鼓舞，他确信从政治舞台上把恺撒除名是正确的。但事情并没有他预想的那么简单。这时，高卢酋长韦尔辛格托里克斯知道罗马暴乱，他的一次袭击几乎击垮了恺撒。恺撒率军包围了酋长，但当高卢增援部队到达时，他被迫在他们的后方筑起了一堵墙。罗马人险些战败，但幸运的是，最后一分钟的反攻赢得了胜利，最终恺撒征服了高卢。

在公元前50年后期，恺撒正在准备回归工作。庞培和恺撒都被元老院命令交出权力。但恺撒不想因自己的罪行而受审，并计划退出执政官竞选。他希望他在战争年代建立起来的声望能促使元老院允许他也这样做，同时他发表了一篇关于他在高卢战争的报道，提醒公众他那曾经勇敢成功的军事行动。有关高卢战争的报道是用强有力且情绪化的语言写成的，受过良好教育的精英和普通民众都可以阅读。与庞培不同的是，恺撒不是在向陪审席发表演讲，而是在向整个议院阐述自己的想法。尽管如此，元老院还是拒绝了他并要求其交出军队指挥权，回到罗马去面对他的指控。

公元前49年1月10日，恺撒基本上已经别无选择了。如果按照元老院的要求行事，他将面临起诉，他所做的一切工作就都将付诸东流。另一方面，如果他不遵从元老院的指令，就是开战的表现。

有传闻说，恺撒前一天晚上坐立不安，甚至跟一个鬼魂说话。无论发生了什么，无论有什么犹豫，一切都在早晨消失殆尽。他集结兵力，采取了改变历史进程的步骤。"木已成舟。"他宣布，并越过卢比孔河从高卢进入意大利北部。在他与元老院中的敌人发生了几十年的冲突之后，双方终于开战了。

在他们对恺撒的军事力量和胆量的恐惧中，元老院举步维艰。恺撒在意大利进军时几乎没有遭到反抗。庞培轻率地以为，恺撒直到春天才会发动进攻，所以他的大部分兵力仍在西班牙。经过惊慌失措的考虑后，庞培宣布他将向东航行到希腊去筹集一支军队，任何反对这一计划的人都将是叛徒。当庞培溜走时，恺撒召集了几乎无人的元老院，批准在西班牙的军事行动。

庞培东逃时，这位新独裁者不失时机地在西部的军队中横扫一番。庞培的剩余军队正面临着一支坚定且经验丰富的军队，恺撒的战役迅速而残酷，仅用了27天就将他的对手击溃。恺撒随后将注意力转移回以前的盟友身上，并追到希腊，当时庞培正试图在那里再组建一支军队。恺撒突破了比布卢斯设置的一道路障，但他被切断了补给和增援。

随后的战斗是灾难性的，恺撒和他的军队已经步入绝境。庞培已从他的老朋友那里学习了在高卢的战术，试图让他的敌人忍饥挨饿。恺撒不能坐以待毙：他如果要赢，就必须在战场上。最后，两军在法萨卢斯会合，恺撒在那里取得了惊人的决定性胜利，获得了压倒性的优势。庞培又一次铩羽而归。

> 庞培和恺撒并不总是对手——事实上，庞培曾娶了恺撒的女儿茱莉亚。

当庞培向南逃往埃及时,恺撒回到罗马,宣布自己是独裁者,但仅仅11天后就辞职了,然后开始再次追击敌人。不过,他们并没有再次开战。庞培被他寻求庇护的人出卖了,他的尸体是由少年法老托勒密十三世作为贡品赠送给恺撒的。然而事情却没有如他们所预料的那般发展。恺撒痛哭流涕,随后下令处决那些杀死他敌人的人。他独裁路上的最后障碍即将荡然无存。

恺撒在尼罗河上眺望,明白了这样的权力意味着什么。据传,克娄巴特拉被人裹在地毯中偷偷带入恺撒的房间,随后他爱上了她,出于对她的同情和对庞培被处决的愤怒,他在埃及内战中与她一起对抗她的兄弟托勒密。随后的战斗被称为围攻亚历山大,托勒密拒绝了恺撒的和平提议,并最终付出了代价,在尼罗河战役中溺水身亡。埃及女王声称与情人有一个儿子名叫恺撒里昂,但恺撒永远不会承认这个男孩是他的。克娄巴特拉在稳固地登上埃及王位后,恺撒乘船前往小亚细亚,以平息法那西斯的叛乱。他的胜利如此之快,以至于他以"我来,我见,我征服"而闻名于世。"我来,我见,我征服"这句话并不仅仅单指这场战斗。恺撒真是势不可当。

就在他庆祝胜利的时候,恺撒明白,他已经在国外待得太久了,此时需要建立并维持他在罗马的权力。独裁的权力至关重要,但现实却似乎并非如此。公元前48年他被任命为罗马独裁者,任期一年。他用这段时间来扫除威胁他统治的最后抵抗力量,包括庞培在西班牙的儿子和在突尼斯尤蒂卡行踪无定的加图。为了追捕后者,恺撒带兵前往北非,在那里他毫不留情地击败了西庇阿的军队。在最后的反抗行动中,加图选择自杀,以此避免面对由恺撒独裁的帝国。元老院任命恺撒担任独裁者十年,以奖励他取得的胜利。

独裁者恺撒

在他的统治期内,恺撒利用人民的认可为自己谋利。当恺撒击败庞培回到罗马时,他知道让人民与他站在一边是至关重要的。不过,他这一路一直在犯错。当他庆祝自己在西班牙战胜庞培的儿子时,人们认为这是一种严重的失礼行为,因为这样的庆祝活动应该是为了战胜外国敌人,而不是前执政官的儿子。

然而,他的政治改革解决了许多人所关注的一些重大问题。他明白,如果罗马真的要成为一个帝国,它就不能再阻止那些生活在意大利以外的人享受罗马统治下的福利。有鉴于此,他向生活在高卢的人们开放了公民身份,并鼓励人们迁移到帝国的领地。他减轻债务,确保为他而战的士兵享有土地定居。他还引入了新的历法,将月份与太阳年而非月亮校准。

为了确保元老院中的人尽可能多地赞成他,恺撒扩大了他们的队伍。现在,每个职位都向更多的候选人开放,这使得反对他的贵族精英在元老院增加的总人数中所占比例减少。尽管他穿着国王的紫色长袍,坐在元老院里的宝座上,头像刻在帝国的硬币上,恺撒还是小心翼翼地保持着自己是一个正式选举出来的官员的形象。他忠诚的部下马克·安东尼将军能够轻松上台并追捕刺杀恺撒的人,足以表明这位已故统治者在担任罗马独裁者的几年中颇有威望。

在庞培的支持者们被肃清后,恺撒回到罗马,改革帝国。他的计划包括三个方面:他需要确保没有人再对他进行军事抵抗;他需要处理罗马在战争年代积累的严重债务;他需要把帝国从一个各地方政权的集合体变成一个完整的国家。从公元前48年到公元前44年被暗杀这段时间,恺撒证明了他远远不止是一个军事独裁者,因为他不仅为罗马帝国的未来奠定了基础,而且迈出了决定性的第一步。公元前44年3月15日,在元老院密谋反对并暗杀恺撒的60多人也许已经成功完成了他们的任务,但恺撒早已为时代留下了宝贵的遗产。

3月15日

我们来看看导致恺撒在3月15日遇刺的事件，找出让他垮台的一些主要谋反者。

疯狂攻击
他们对恺撒发起疯狂攻击，几个谋反者在用刀刺向受伤的首领时，竟不慎打伤了对方。

凶器
凶残的谋反者选择匕首作为杀死恺撒的武器，因为匕首很容易被藏在斗篷下面夹带进入元老院。

犯罪现场
之所以选择元老院作为暗杀恺撒的地点，主要是因为他在那里会被孤立，那里不允许议员和武器进入——这使他成为瓮中之鳖。

企图逃跑
疯狂的袭击使恺撒的眼睛被血模糊了，他试图逃离谋杀他的人，但他绊了一跤，瘫倒在地，毫无防备地死去了。

时间轴

公元前45年10月
恺撒遣散了他的护卫队
恺撒相信没有人敢攻击他，于是解散了他的西班牙保卫队，这一举动使反叛者能够有效地实施他们的可怕阴谋。

公元前44年2月
终身独裁者
恺撒被授予终身独裁者的身份，这是一种荣誉，使他升格到几乎神圣的地位。他越发膨胀的傲慢开始激怒周围的人，特别是他在元老院的那些亲密盟友。

公元前44年2月
牧神节
当马克·安东尼试图在恺撒头上戴上一顶桂冠时，恺撒推开了桂冠，并声称朱庇特才是罗马人的国王，许多人认为这是一种表演。

公元前44年3月
制定阴谋
当他们制定了杀死恺撒的阴谋时，密谋者们秘密地以小组的形式会面，避免被发现的可能。由于恺撒将要展开为期三年的战役，他们必须迅速采取行动。

> 每个同谋都至少捅了恺撒一刀，这不仅团结了他们，也将罪名分散到了每个人头上。

谋反者
据 4 世纪历史学家、古罗马问题专家弗拉维乌斯·尤特罗皮乌斯说，大约 60 名男子参与了暗杀，恺撒被刺 23 刀。

致命一击
后来，医生苏埃托尼乌斯证实，在恺撒的 23 处刺伤中，只有一处是致命的，即在他的胸部的第二处。

公元前 44 年 3 月 15 日

尽管他的妻子卡尔普尼亚（在做了一个关于恺撒即将面临危险的噩梦之后，她歇斯底里地醒来）恳求他不要去，但他还是前往元老院并被暗杀了。

公元前 44 年 3 月 20 日

送葬队伍
恺撒本应在他家族墓地附近的火葬场火化，但他的尸体被当地人抢走，并被带到广场上，在一个简陋的火葬堆上焚烧。

谁参与了这场谋杀？

德基摩斯·布鲁图斯
公元前 85—公元前 43 年
布鲁图斯是恺撒的远亲，是一位将军和政治家，在 3 月 15 日的暗杀阴谋中，他的任务是护送恺撒到元老院大楼，避免恺撒与其盟友马克·安东尼有任何接触。

盖乌斯·特里波尼乌斯
公元前 92—公元前 43 年
盖乌斯·特里波尼乌斯曾经是一名值得信赖的同伴，他在元老院大楼外拦截赶去警告恺撒暗杀阴谋的马克·安东尼，并与他进行对话。这使得暗杀者能够完成任务。

提留斯·辛布尔
死于公元前 42 年
恺撒一到元老院，便收到了辛布尔的请愿书，请求赦免他流亡的兄弟。当其他议员聚集在一起时，辛布尔抓住恺撒的肩膀分散他的注意力。

赛维留斯·加斯卡
公元前 84—公元前 42 年
加斯卡和他的兄弟盖尤斯一起加入了共谋者，盖尤斯是恺撒的密友。加斯卡在恺撒分心的时候从背后袭击了他，刺出了行刺的第一刀。

马库斯·布鲁图斯
公元前 85—公元前 42 年
布鲁图斯在恺撒成为独裁者后，对其日益强大的权力感到震惊，因此被说服加入刺杀活动中。当意识到布鲁图斯是刺客之一时，恺撒用斗篷遮住了他的脸。

恺撒试图逃离谋杀他的人，但他绊倒了，整个过程他都毫无防备。

罗马之音：马尔库斯·图利乌斯·西塞罗

西塞罗是一位战略家、哲学家和人民领袖，他戏剧性的生涯恰逢共和国的衰落和帝国的崛起。

马尔库斯·图利乌斯·西塞罗从藏身的垃圾堆中向外看是否有人跟踪他。他不停地出汗，心脏怦怦乱跳，看上去很紧张。他不是第一次从当局者那里逃跑。他毕生致力于保护的罗马共和国再次背叛了他，这一次他不会再有喘息的机会了。他用余光偷瞄，看见两个武装士兵正朝抬垃圾的奴隶走去。他们喊着西塞罗的名字并叫奴隶们停下来，西塞罗知道他所剩之时不多了。他严肃地看着那些人，说："士兵，你所做的一切都是不正当的，但一定要好好地杀了我。"随后他低下头，等待着致命的一击。

西塞罗的家族在他成年之前默默无闻，在元老院和法庭内没有影响力，和贵族也没有交情。西塞罗住在阿尔庇努姆，为了改变命运而努力读书，他的父亲坚信他会在罗马政治中有所作为。他学习希腊语，学习柏拉图和阿基米德的哲学和观点。在罗马文化中，领导罗马的政治和军事精英必须学会这类知识。他是一个勤奋的学生，曾前往希腊探求他们哲学观点的秘密。当他作为一个熟练的诉讼律师在各省赢得声誉时，他也以他雄辩的口才吸引了聚集在公共法庭听证会上的人群，并以他能赢得任何法律案件而闻名。

作为地主和地方商人的代理，西塞罗对法律有深刻的认知，但这并不足以满足他日益增长的自我需求。因此，当他被要求起诉一个贪婪的罗马总督维尔列斯（曾压迫和恐吓西西里人民）的案件时，他看到了机会，这个机会可以使他步入梦寐以求的罗马高层。他冒着可怕的风险：维尔列斯

> 西塞罗非常清楚他的敌人。在公元前63年的执政官选举中，他在托加长袍底下身穿盔甲。

演讲是罗马公民所能拥有的最好技能之一，西塞罗被认为是最伟大的演说家。

他毕生致力于保护的罗马共和国再次背叛了他。

请了罗马第一律师昆特斯·霍塔罗斯为其辩护。如果年轻而缺乏经验的西塞罗输了，他就一败涂地。他辛勤地准备着自己的辩词，花了几个小时研究他的声音和身体动作的每一处变化，以确保他可以成为有史以来最好的演说家。他知道只有全力以赴才能完成这次辩护，因为这件案子将被提交到罗马帝国的司法中心——罗马法庭。

准备工作取得了成效。他不仅赢了官司，还在罗马最高级别政府之一的晋升体系①中担任治安官。他继续在公职人员的队伍中工作，处理高知名度案件，同时在各类日常冒险中不断壮大自己的实力。他喜欢在罗马广场的柱基上向人们演讲，散发魅力。

西塞罗在当选执政官时达到了罗马人职业生涯的顶峰，这是他能达到的最高职位。作为执政官，他利用自己的演讲技巧镇压了一场针对他的叛乱阴谋，说服暴民谴责涉案人员为叛徒。他判处他们死刑，理由是局势已经足够危险，而且他周围不断膨胀的舆论浪潮将保护被告不受审判。宣判时，他对群众说了一句话："Vixerunt"（"他们死了"），收获了人民热烈的掌声。事实上，这是一种十分冒险的策略：在罗马残酷的政治游戏中，在公职部门的任何没有法律依据的行为都会滋生敌人，果然，当他的任期结束时，一群政敌提出了一项法律，惩罚那些未经审判就谴责罗马公民的人。西塞罗被击败。暴徒们开始反对他，新执政官没有丝毫同情心，他最终被流放了。

---

① 晋升体系（拉丁文：cursus honorum；意为"荣耀之路"）：指在罗马共和国和罗马帝国初期，有抱负的政治家们就任政府职位的次序。这个制度是为有元老身份的人而设。晋升体系包含军队及政治行政职位，不同的职位对候选人均有最低年龄的限制。——译者注
② 凯旋式：古罗马授予获得重大军事成果特别是那些打赢了一整场战争的军事将领的庆祝仪式。对于统治罗马的贵族而言，凯旋式是最大且最受欢迎的荣耀。——译者注

▲ 只有元老院才能授予备受尊敬的凯旋式②，这是罗马所有大人物梦寐以求的荣耀

西塞罗时代的生活

征服者罗马
虽然罗马的影响力在西塞罗有生之年并没有达到巅峰，但它仍然是意大利半岛乃至更远地区的主导力量。它的影响范围从现代法国高卢的泥泞田地延伸到埃及尼罗河畔谷物丰富的平原。

奴隶和罗马自由民
罗马社会建立在罗马人和奴隶之间的区别上，罗马人有权拥有财产并影响政治制度，而奴隶则完全没有权利。从家仆到矿工，奴隶服务于罗马的各个方面。对西塞罗这种身份的人来说，他也拥有许多奴隶，这是意料之中的。

罗马共和国
罗马帝国的前身是罗马共和国，它是一个由元老院及执政官领导的政治体系。虽然共和国表面上看起来民主自由，但实际上只有精英才可以参与其中，整个政治进程十分腐败。

阶级斗争
阶级划分存在于统治精英的贵族和平民以及所有其他罗马人之间。尽管执政家族在这段时期内一直控制着元老院，但他们一直生活在对平民和"暴民"的残暴和反复无常的恐惧之中，他们必须定期安抚这些人。

神与人
宗教在罗马人的日常生活中起着重要作用，人们普遍认为万神殿对罗马人的生活有直接影响。奇怪的祭拜和丰富多彩的宗教仪式一直是熙熙攘攘的城市街道的特色。

西塞罗戏剧性的权力上升之路被切断了。他最后给他的贵族朋友提图斯·阿提库斯写了一封关于他不幸遭遇的信:"你的请求打消了我自杀的念头。但生活的意义何在？别怪我抱怨。我所受的苦难，比你们先前所听见的任何一种都更深重。"

所以，当公元前57年罗马领导层再次更迭，西塞罗被赦免时，他的祈祷似乎得到了回应。他从希腊住所登上一艘船，准备重新进入残酷的罗马政治世界。

他回国后，共和国的一切都很糟糕。格涅乌斯·庞培和尤利乌斯·恺撒这两人从朋友转变为对手。这样的政治动荡正给脆弱的罗马政治体系带来危险的分歧。当恺撒寻求西塞罗的帮助，希望有一个受人尊敬的人来支持他对抗庞培时，西塞罗决定明哲保身。如果说他在流亡期间学到了什么，那就是支持他认为的赢家。庞培人脉更广，在元老院有更多的支持者，而且似乎得到了罗马暴民的肯定。他最后决定将自己的命运交给庞培，庞培是一个希望恢复共和的人，一旦恺撒被击败，他将用权力和影响力回报西塞罗。然而，命运对西塞罗开了一个残酷的玩笑。恺撒不畏艰险，在公开的战斗中击败了庞培，西塞罗和庞培的残存军队再次被流放。

西塞罗第二次从他的祖国逃离时前途黯淡。他回到罗马后，恺撒希望元老院保持一个不稳定的状态，于是决定赦免他。恺撒选择称赞而不是责罚西塞罗，同时大力表扬他的演讲技巧："比扩张罗马帝国的疆界更重要的是大大扩展了罗马精神的疆界。"但这番阿谀奉承并没有使西塞罗站在恺撒一边，他回到罗马后发现，事实侮辱了他的感情。恺撒像个暴君一样统治着共和国，他不断改变传统以使国家适应自己的政治需要。

不出所料，恺撒树敌众多，在又一次爆发的残酷暴力中，恺撒在3月15日的宗教节期间于元

▲ 马克·安东尼在尤利乌斯·恺撒尸体旁边发表演说，他们都是西塞罗的敌人

罗马和平

尽管罗马在这一时期比较稳定，但罗马共和国及其政治制度正在经历巨大的动荡。元老院变得无法遏制那些指挥庞大军队的强大罗马领导人的野心。其中一位名叫盖乌斯·尤利乌斯·恺撒的人曾以格涅乌斯·庞培的联合执政官身份统治罗马，但他担心庞培编造的阴谋会推翻他在元老院的权威。在短期内，他们的冲突把整个罗马及其附属国卷入一场破坏性的冲突中，使罗马人产生内部对立。此时，元老院正努力维持自己在城市中的地位，但却不断被恺撒这样的人推翻，恺撒手里拿着一张致命的王牌——一支能够洗劫城市的军队。政府官员经常发现自己落后于事态发展。当恺撒被暗杀时，马克·安东尼成了这座城市的主导力量。恺撒收养的屋大维也自称恺撒，接管了城市。随后安东尼逃离，安东尼的支持者也发现自己地位不稳。对于像西塞罗这样的议员来说，这是一个危险的时期，如果在这些暴动中站错队，只要对方重新掌权，就可能为自己带来厄运。政治暗杀的威胁也一直存在，这种方法在罗马社会中并不少见。

恺撒死后，布鲁图斯的同谋们正寻找一个可以重振大局的人，西塞罗再次成为一个有权势和影响力的人，在这方面，也许只有马克·安东尼在这方面胜过他。安东尼与恺撒的关系众所周知，西塞罗与恺撒交情甚浅，所以对他们之间的紧密关系十分嫉妒。西塞罗认为安东尼只不过是一个政治机会主义者，因为他主人的去世而获利。西塞罗公开谴责他，发表反对他的演讲，并向朋友们散布有关他的性丑闻。但安东尼指挥着一支军队，这比一个熟练的演说家所说的话要有用得多。安东尼似乎注定要留在罗马，直到尤利乌斯的养子和继承人屋大维回到首都。西塞罗支持屋大维将国家从野蛮的安东尼的统辖下解放出来，并声称他是一个正直的人，支持他与安东尼作战。在一场激烈的战斗中，屋大维打败了逃到高卢的安东尼。西塞罗再次作出判断，认为安东尼已无东山再起的可能，他逃离罗马是对他

老院被谋杀。西塞罗决定比庞培更巧妙地利用事态的这一最新进展。尽管他在公开场合既不支持也不谴责暗杀，但他给布鲁图斯的一位支持者写了一封私信，信内提道："我多么希望你邀请我参加3月15日的那次光荣之宴。"

> 西塞罗的作品在14世纪被发现，影响了文艺复兴时期统治者的统治方式。

决定性时刻
盖乌斯·维尔列斯案（公元前75年）
西塞罗职业生涯中最著名的案件之一是他起诉腐败的西西里总督盖乌斯·维尔列斯。维尔列斯是一个残忍对待臣民的总督。西西里人听说西塞罗是一名出色演说家之后，请求西塞罗代表他们起诉维尔列斯。经过一番辩论后，西塞罗将此案带到罗马，并迅速凭借高超的演讲技巧战胜了维尔列斯聘请的昂贵律师。每当西塞罗说到他与人民同仇敌忾时，聚集的人群都会为他欢呼喝彩。这种早期的成功是他建立政治生涯的基础。

时间轴

公元前106年
● **西塞罗诞生**
公元前 106 年
西塞罗出生在罗马城外阿尔庇努姆的一个骑士家庭里。虽然西塞罗的父亲是有钱人，但他的家庭并不被视为统治精英的一部分。

● **先驱者**
公元前 90 年
西塞罗在斯特雷波和苏拉的领导下作为先驱者参军。他在共和国和几个意大利城市的盟军战争中服役。

● **哲学家**
公元前 87 年
西塞罗开始着迷于希腊哲学。罗马社会规定当权者必须掌握希腊语。

● **罗马总督**
公元前 66 年
西塞罗成为一位总督和著名的治安官。总督同时也是一个军事职位，但他对军事的兴趣非常有限。

● **实权**
公元前 63 年
西塞罗被任命为罗马元老院的执政官，这是罗马最有权势的职位之一。执政官是元老院的领袖，拥有绝对否决权。他担任执政官时揭露了喀提林要推翻他的阴谋，不经审判就判处这些叛徒死刑。这一决定将再次给他带来麻烦。

鲁莽行为的报复。但西塞罗又一次错了。令人惊讶的是，屋大维与安东尼最终和好如初，他们希望从敌对的元老院中夺走权力，所以与马尔库斯·雷必达一起，宣布成立后三头同盟——一种军事执政的方式——统治罗马。

西塞罗尽力压抑他对共和国灭亡的强烈不满，讨好屋大维，但这一切都为时太晚。他信任那个自称奥古斯都·恺撒的年轻人，又一次犯下一个重大错误。西塞罗突然被定为公敌，随后他面临两种选择：留下来面对一场审判，或者逃跑。这个后来被昆体良形容为"口才出众"的人，将长袍披在身上，一头扎进黑夜中，被他协助掌权的人追捕。当他奔向安全的希腊时，他兄弟的一个奴隶向安东尼的间谍出卖了他，最终西塞罗在海岸附近被逮捕。

▲ 公元前44年，尤利乌斯·恺撒遇刺。当西塞罗在政治体系内工作时，恺撒试图将其拉入自己的核心圈子

> 他又犯了一个重大错误，因为他信任那个自称奥古斯都·恺撒的年轻人。

决定性时刻
被屋大维出卖（公元前43年11月）

屋大维·恺撒是盖乌斯·尤利乌斯·恺撒的养子和继承人，他返回罗马后，西塞罗向这个自称恺撒的年轻人示好。马克·安东尼被迫逃离城市，躲入山里，这对西塞罗和共和国来说是短暂的胜利。因为屋大维不愿意与元老院的"傻瓜"分享权力，所以他背叛了西塞罗，并与安东尼单独达成协议。屋大维和安东尼结成同盟，西塞罗发现自己失宠并遭到孤立。

● **流亡**
公元前58年
西塞罗在新执政官和护民官心里失宠后，被迫流亡到希腊的塞萨洛尼卡，陷入深深的绝望中。

● **返回罗马**
公元前57年
西塞罗被提图斯·米洛邀请返回罗马，他立刻抓住这个机会，希望可以重振在共和国的政治生涯，于是他返回罗马。

● **逃犯**
公元前49年
西塞罗发现自己因为支持庞培而不是他的竞争对手——广受欢迎的盖乌斯·尤利乌斯·恺撒——而站在了舆论的另一边。随后，他被迫与庞培的士兵一起逃离这座城市。

● **3月15日**
公元前44年
恺撒在元老院被庞培的支持者布鲁图斯谋杀。虽然西塞罗不在谋杀现场，但他在私下是支持布鲁图斯行动的。

● **西塞罗VS马克·安东尼**
公元前43年2月
在随后的权力真空期，西塞罗和马克·安东尼成为罗马的主导人物。不幸的是，他们之间几乎没有任何情分，而且经常发生冲突。

公元前43年
雄辩家之死 ●
公元前43年12月
看到屋大维、恺撒和马克·安东尼背叛了自己，他现在是他们的"头号通缉犯"，西塞罗逃离罗马，但被抓获并立即处决。

十个最卑鄙的古罗马人

从疯狂的皇帝到无情的士兵，这里是一些潜伏在罗马帝国最黑暗深处的最堕落、最奸诈的人物。

　　道路、水渠、报纸——这些只是罗马帝国给世界带来的一部分发明。罗马帝国不仅是第一个购物中心，还创造了当今社会沿用的福利体系，把一个不文明的旧世界变成了一个创新和辉煌的世界。但在这个著名的古代文明中，有一个阴暗而又险恶的腹地，里面充斥着腐败、欺骗和血腥。帝国也许是进步和奢华的指向标，但它同时也容纳了一些最堕落和最令人不安的人。

　　从世界上第一个职业连环杀手，到把狮子藏在客人床上用以取乐的年轻皇帝，本文罗列了一些最危险和最令人印象深刻的人物，他们出生于一个几乎任何人都可以成为皇帝、不能信任任何人的世界。

10
盖乌斯·维尔列斯 公元前120—公元前43年

使西西里沦陷的贪婪

职　　业：总督
无耻之证：毁灭整个国家的命脉

维尔列斯出生于一个父亲被指控腐败的家庭内，他长大后成为罗马共和国堕落的最后几年中最令人憎恶的典型之一。他先是一名执政官的财务管理人，内战爆发时，他利用自己的权力挪用军费。公元前80年，他加入西里西亚总督多拉贝拉的团队中，盗走寺庙中的绘画和雕像，据为己有，以此表达他对艺术作品的热情。当多拉贝拉因敲诈勒索罪受审时，维尔列斯提供证据让他被定罪，使自己免罪。

公元前74年，他被任命为西西里总督，西西里是帝国一个十分富裕的行省。这片土地以前曾享有相对和平和繁荣的历史，但维尔列斯的就职却使此地大不如前。当富有的西西里人死后，维尔列斯会利用腐败的法官让自己从他们的遗产中分一杯羹，如果法官拒绝服从就会被杀。他下令建造自己的宏伟雕像，废除一个成功的农业体系，从而使农民陷入赤贫，并将一个繁荣的贸易国变成一个难以养活本国公民的国家。他的随从们在全国为他们的主人寻找艺术品，并攫取他们喜欢的任何东西——甚至公然盗取了一尊墨丘利的公共雕像。

在绝望的西西里人的恳求下，维尔列斯被遣返罗马，他最终耗尽了自己的运气。尽管他试图让自己免于审判，但最终还是被迫流亡国外。

▲ 维尔列斯被流放之后，有五本书详细地列举了他的罪行

贪婪	🛡🛡🛡🛡🛡
狡猾	🛡🛡🛡🛡🛡
疯狂	🛡🛡🛡🛡🛡
邪恶	🛡🛡🛡🛡🛡

古罗马的光芒
以身作则的皇帝

罗马皇帝经常被描绘成虚荣、贪婪、嗜血和疯狂的人，他们杀死对手，对人民毫不关心，但这并不完全正确。罗马历史上有一个被称为"五帝当政"的时期是值得注意的，因为这五个人都是通过收养而不是血缘关系来继承王位的，他们的统治比那些通过血脉传承的皇帝要稳定和成功得多。没有人比图拉真皇帝更能说明这一点。

图拉真与元老院的关系曾经十分紧张，但随后他们达成一致且密切合作，当他把许多在希腊流亡的知识分子召回罗马时，公众感到十分高兴。他还鼓励建造改变罗马景观的著名建筑，如图拉真柱和阿尔坎塔拉桥。他推广了许多社会福利政策，并被元老院授予"最佳元首"的荣誉。图拉真也是一位强大能干的军事指挥官，他将罗马帝国的疆域扩张到历史上最大范围。图拉真及其公正统治受到罗马人的崇敬，以至于他们祈祷每一位新皇帝："比奥古斯都幸运，比图拉真优秀。"

卢基乌斯·科尔内利乌斯·苏拉
公元前138—公元前78年

以恐惧和死亡为代价的独裁官

职　业：	独裁官
无耻之证：	在肃清罗马的运动中杀死9000多人

贪婪	★★★☆☆
狡猾	★★★★☆
疯狂	★★★☆☆
邪恶	★★★☆☆

苏拉出生在相对贫困的环境中，他铁石心肠，成为罗马帝国著名的将军和最终的独裁者。苏拉在军队中是一位受人爱戴的将军，但他也有一种在"公告①"中显露出来的冷酷和恶毒性格。

苏拉一掌握罗马的控制权，就决心清除这块土地上任何他认为是敌人的人。希腊历史学家普鲁塔克写道："苏拉在制造血河，他不加控制地让城市遍布死亡。"官方下令处决约1500人，但据说在这场残酷的清洗运动中有9000多人丧生。年轻的尤利乌斯·恺撒刚刚逃离了这个城市。任何胆敢庇护被禁者②的人也将面临死亡，被禁者的儿子和孙子将被禁止担任政治职务。任何被处决之人的财产都会在拍卖会上拍卖，这给苏拉和他的支持者带来巨额的财富。

---

① 公告：宣布……为公敌的公告。——译者注
② 被禁者：被宣布……为国家的敌人并剥夺法律保护者。——译者注

高卢的洛库斯塔
未知—公元69年

世界上第一个连环杀手

职　业：	雇佣杀手
无耻之证：	毒死克劳狄皇帝

贪婪	🗡🗡🗡🗡🗡
狡猾	🗡🗡🗡🗡🗡
疯狂	🗡🗡🗡🗡
邪恶	🗡🗡🗡

　　洛库斯塔生长于高卢宁静的乡村，她非常了解生长在她家周围的草药和植物。搬到罗马后，她发现自己对草药知识的了解正是那些想解决掉对手的人们所渴望的。她以职业投毒者的身份开始了自己的事业，并一举成名。公元54年，她吸引了最有影响力的赞助人阿格里皮娜皇后的注意。克劳狄皇帝的妻子请求帮助杀死她的丈夫，这样她的小儿子尼禄就可以继承王位。

　　他们在克劳狄喝醉后给他喂毒蘑菇，很快他的胃就痛得要命。当尼禄命令洛库斯塔毒死他的继兄和王位竞争对手布列塔尼库斯时，洛库斯塔又一次展现了她的天赋。男孩服下毒药后开始疯狂抽搐，但尼禄平静地告诉在场的每个人，他是癫痫发作。晚宴继续进行，布列塔尼库斯于几个小时后死亡。

　　尼禄给了洛库斯塔丰厚的回报，为她提供了一座辉煌的别墅和许多奢华的礼物。随着皇帝的支持，她的技术变得众人皆知，她建立了一所学校，把她的知识传授给渴望学习的学生。洛库斯塔甚至给了尼禄一份毒药，以备他自杀时使用。当尼禄在公元68年被判死刑时，他忘了带上这份毒药，所以不得不用自己的匕首了结性命。随着她最有力盟友的离去，洛库斯塔被捕，并在被处决前被囚禁在城市中。

◀《基督山伯爵》中投毒的维尔福夫人很可能是受到了洛库斯塔的启发

令人震惊的消遣
罗马人业余时间享受的堕落且粗俗的消遣

在盛宴上呕吐
　　古罗马堕落又宏大的盛宴并不是什么秘密。然而，更不为人所知的是，他们喜欢在宴席上呕吐。富有的罗马人非常喜欢美食，以至于当他们吃饱的时候，他们会催吐，这样他们就可以继续吃下去。这被认为是宴会的一部分，奴隶们会在场清理宴会上出现的呕吐物。

买卖奴隶
　　古罗马的奴隶贸易是经济的基石，奴隶本身也被视为可交易的商品。由于他们被视为财产，罗马法并不认为奴隶是有人格的。被视为"没有人格"的罗马奴隶将在拍卖会甚至商店里出售。如果买家认为一个奴隶有缺陷，他可以在六个月内退货并要求退款。

粗俗涂鸦
　　尽管一些令人印象深刻的艺术作品起源于古罗马，但罗马还有另一种不同的艺术形式——涂鸦——上面的信息和今天一样粗俗。专家们对庞贝城墙上的涂鸦数量感到惊讶。这些信息包括吹牛、侮辱和亵渎，例如"菲勒罗斯是个太监"和"老板还不如老鼠的屁股！"。

马库斯·佩潘纳·文托

未知—公元前72年

历史上最糟糕的晚宴主持人

职　　业：	政治家
无耻之证：	背叛并谋杀客人

贪婪	▲▲▲▲▲
狡猾	▲▲▲▲▲
疯狂	▲▲▲▲▲
邪恶	▲▲▲▲▲

当他所属的军事集团被卢基乌斯·科尔内利乌斯·苏拉击败时,佩潘纳带着一小支军队和一大笔钱逃离了罗马。怀着贪婪的统治欲望,他决定对逃到伊士班尼亚地区的昆特斯·凯克利乌斯·梅特劳斯·皮乌斯发动战争。但佩潘纳是一个可怕的领袖,他的士兵很快就背叛了他,要求他归顺伊士班尼亚的统治者塞多留。面对生死抉择,佩潘纳非常屈辱地同意了。

佩潘纳不得不休养生息,只能眼睁睁地看着塞多留的实力越来越强大。佩潘纳鼓动跟随他的贵族和元老院的人蔑视塞多留,希望利用他们的嫉妒为自己谋取利益。暴动和叛乱困扰着该地区,所以受欢迎且雄辩的塞多留努力寻找不满的根源。当塞多留又赢得一场胜利时,佩潘纳邀请他参加一场宴会以表敬意。庆祝活动通常是非常喜庆的,但这场宴会是专门用来冒犯和恶心这位著名将军的。塞多留处于崩溃的边缘,只好默默地无视这一耻辱。佩潘纳利用这个机会,把他的手下安排在这位毫无戒心的客人身边,在他有机会自卫之前把他杀死。然而佩潘纳的报应来得迅速而残酷:面对一个更强大的敌人——庞培的愤怒,他交出了塞多留的所有文件以求保全性命。庞培同意了,但当他拿到文件时,他把文件烧掉,处决了背叛者。

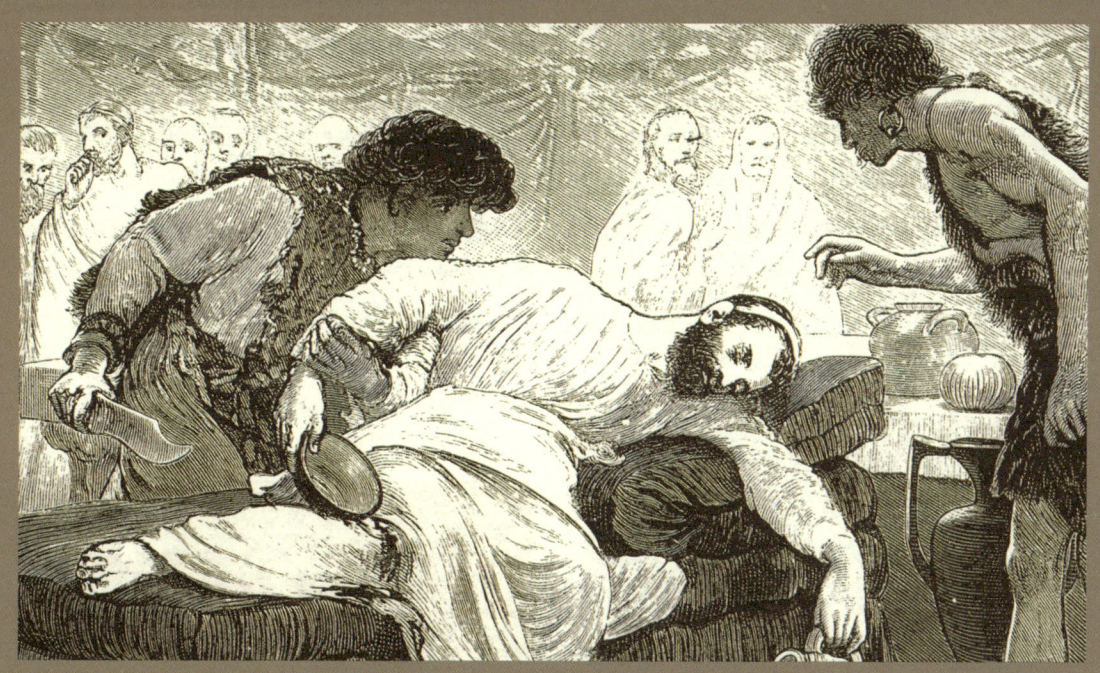

> 在这个最危险的阴谋中，塞扬努斯暗中勾引德鲁苏斯的妻子，他们一起慢慢地毒死了这位继承人。

塞扬努斯
公元前20年—公元31年

傀儡皇帝的主人

职　　业：军人
无耻之证：清除罗马内任何敢于反抗他的人

塞扬努斯出生于罗马共和国地位较低的上层家庭中，他用纯粹的野心和动力推动自己走向成功。塞扬努斯缓慢但坚定地向提比略皇帝靠拢，到了公元23年，他可以对皇帝的决定产生很大影响，提比略将他视为知己并称之为"我的苦差帮手"。

塞扬努斯通过迅速消灭潜在对手巩固了自己的权力地位，但他的首要目标是皇帝的儿子德鲁苏斯。两人之间的竞争并非秘密，德鲁苏斯在一次争吵中公开对塞扬努斯拳打脚踢，反对道："皇帝的儿子还活着，一个陌生人就被邀请来协助管理！"塞扬努斯暗中勾引了德鲁苏斯的妻子，他们携手慢慢地毒死了这位继承人，直到他于公元23年"自然死亡"。

提比略悲痛欲绝，把大部分权力交给了塞扬努斯。随着对罗马有效控制的增强，塞扬努斯领导了一场对议员和有权势人物的残酷清洗运动。在清洗期间，塞扬努斯设法流放了雄心勃勃的遗孀阿格里皮娜和她的两个儿子，他们似乎饿死了。塞扬努斯成为罗马最有权势的人，他为自己竖立了雕像，而他的对手则因恐惧和暴政而一蹶不振。

提比略意识到威胁越来越大，于是召集塞扬努斯参加元老院会议。在会上塞扬努斯遭到伏击并被捕。最终，他被人勒死，尸体被扔下刑台。曾受塞扬努斯欺骗的人们感到非常愤怒，他们追捕并杀害了任何与他有关系的人。

贪婪	🙠🙠🙠🙠
狡猾	🙠🙠🙠🙠
疯狂	🙠🙠🙠
邪恶	🙠🙠🙠🙠

5 马库斯·李锡尼·克拉苏

公元前115—公元前53年

从别人的不幸中敛财的人

职　　业：将军
无耻之证：处决6000名奴隶

克拉苏被认为是罗马历史上最富有的人，人们推测他有2亿赛斯特斯币，约合54亿英镑（84亿美元），但他的赚钱手段并不总是道德的。

克拉苏的赚钱渠道之一是控制罗马唯一的消防部门。当一场火灾发生时，克拉苏和他的团队抵达现场，与该房产的所有者讨价还价，提出以极低的价格购买这座注定要倒塌的建筑。当房子被烧毁时，房主不得不绝望地看着他们并把房子交给克拉苏。然后克拉苏的奴隶会进去扑灭大火。一旦克拉苏买下了这座房子，他就会把它回租给以前的房主牟利。

随着财富的涌入，克拉苏用自己的方式获得政治权力，他与尤利乌斯·恺撒和庞培一起，成为前三头同盟。克拉苏还率领自己的军队反对斯巴达克斯的奴隶起义。他以高压铁血的方式控制着自己的军队，只要有士兵逃离战场，他就从十个人中挑出一个人来处死。当克拉苏最终取得胜利时，他将6000名斯巴达克斯的追随者钉死在十字架上，展示了他残暴血腥的性格。

▲ 克拉苏常常会为罗马人民举行盛大的宴会并以此赢得人们的支持

贪婪	🛡🛡🛡🛡🛡
狡猾	🛡🛡🛡🛡🛡
疯狂	🛡🛡🛡🛡🛡
邪恶	🛡🛡🛡🛡🛡

4

尼禄
公元37—公元68年

邪恶的化身

> 尼禄用流放或死亡来惩罚任何说他或元老院坏话的人。

职　　业：	皇帝
无耻之证：	大规模屠杀基督徒

尼禄是历史上最臭名昭著的统治者之一，他通过谋杀获得了王位，给罗马带来死亡。尽管他母亲帮助他成为皇帝，尼禄还是对她的影响力保持警惕。他试图在一次海难中杀死他的母亲，当她幸存下来时，他下令暗杀她，并将其伪装成自杀。

他继续他的血腥统治，他在第一任妻子被斩首前与她离婚，他的第二任妻子也难逃厄运。据报道，他的第二任妻子过得并不好，尼禄在她怀孕期间把她踢死了。在追求终极权力的过程中，尼禄用流放或死亡来惩罚任何说他或元老院坏话的人。他追捕他的对手并将他们杀死。当他被指控犯有叛国罪时，他把原告处决了。

尼禄是酒吧和妓院的常客，一场大火烧毁了城市，尼禄花了帝国大量的金钱建造了一座宏伟的宫殿，里面有一座30米高的他的雕像。尼禄将火灾归咎于基督徒，他们因此面临可怕的迫害。他们被捕，被钉刑，被恶狗撕咬，甚至被当成火把点燃来照亮他的花园。

贪婪	▲▲▲▲▲
狡猾	▲▲▲▲▲
疯狂	▲▲▲▲▲
邪恶	▲▲▲▲▲

3

埃拉伽巴路斯
公元203—公元222年
小皇帝和他的致命恶作剧

职　　业： 皇帝
无耻之证： 把毒蛇扔到人群中

我们无法确定那些关于这位臭名昭著的皇帝的残暴传说，但埃拉伽巴路斯无疑是有史以来最具争议和恶意的罗马人之一。

埃拉伽巴路斯在14岁时成为皇帝，他蔑视罗马传统，迅速树立众多敌人。在他统治的早期，他将罗马神朱庇特的头替换为他所信仰宗教的神的头，并强迫政府参加他的宗教节日。埃拉伽巴路斯的画像被放在维多利亚女神的雕像上，迫使人们向他而不是她祈愿。他还无视传统，娶了一位被禁止性交否则将被活埋的维斯塔贞女。当他因成为新宗教的大祭司而接受割礼时，他进一步宣扬了自己的神性。

埃拉伽巴路斯最令人震惊的故事之一是，他经常杀死儿童，用他们的内脏来占卜未来。这位年轻的皇帝似乎也喜欢搞一些扭曲的恶作剧：有一次，他在罗马把毒蛇扔到人群中，他甚至还制作了一张彩票，奖品从黄蜂、死狗到处决令都有。由于发明了"放屁垫①"，他还喜欢在宴会上为客人提供石头和蜡，甚至把狮子偷偷放到他们床上，以折磨客人来取乐。毫无意外，埃拉伽巴路斯在18岁时就被暗杀了。

贪婪	★★★★★
狡猾	★★★★★
疯狂	★★★★★
邪恶	★★★★★

---

① 放屁垫：垫子两片边缘黏合在一起，一端有一个小襟翼开口，用于空气进出。人们坐在上面之后会迫使空气排出，导致襟翼振动并产生响亮的放屁状声音。——译者注

2
卡利古拉
公元12—公元41年

自称为神的疯狂皇帝

职 业：	皇帝
无耻之证：	在竞技场内将狮子放到无辜的人群中

卡利古拉的统治之路起初并不血腥邪恶。当他以皇帝的身份进入罗马时，他被崇拜的民众誉为"我们的孩子"和"我们的明星"。他统治的最初几个月相对平静，但是在公元37年10月，他患了一种疾病，完全改变了他的精神状态。他开始变得残暴，杀死任何他视为对手的人，包括他的堂兄、养子，可能还有他的祖母。尽管他让他的叔叔克劳迪活了下来，但却用残酷的恶作剧公开羞辱折磨他。他对群众也没有丝毫仁慈之心，人们要么未经审判就被处决，要么被迫自杀。

出于对金钱的渴求，卡利古拉也会纯粹为了夺取财产而处决一些人，甚至在表演中拍卖角斗士的生命。尽管他在财务上有许多困难，但他还是花了很多钱打造古代世界中最大的两艘船只，其中最大的一艘相当于一座漂浮的宫殿，上面铺满了大理石地板。他对自己公众形象的痴迷引发了争议，因为他在公众场合打扮成各种罗马神的样子，甚至在官方文件和个人场合都称自己为神。为了纪念自己，卡利古拉修建了两座神庙，并拆下古代神像的头部，换上自己的头部塑像。

卡利古拉在观看比赛期间感到无聊，于是命令卫兵将野兽放到人群中吃人，这令卡利古拉蛮横和卑鄙的行为越发臭名昭著。卡利古拉被大众所厌恶，以至于他成为第一个被刺杀的罗马皇帝。

贪婪	
狡猾	
疯狂	
邪恶	

◀ 卡利古拉是一个绰号，意思是"小靴子"，他显然讨厌这个称呼

1
雅典的伊琳娜
公元752—公元803年

把权力凌驾于一切之上的皇后

职　　业:	皇帝
无耻之证:	弄瞎自己的儿子

▲ 伊琳娜最终被赶下皇位,她被流放,最后不得不靠纺织生存

虽然雅典的伊琳娜因为其崇拜圣像而被认为是东正教的圣徒,但她内心深处十分黑暗且嗜血。尽管她出身于贵族家庭,但她并没有太大可能成为拜占庭帝国皇帝利奥四世的新娘。有趣的是,她最后做到了。丈夫去世后,伊琳娜辅佐年仅10岁的儿子君士坦丁,成为摄政王。一群有权势的人物把皇帝的死当作反叛的机会,但伊琳娜以铁腕的手段将他们镇压,逮捕并逼迫他们出家,使他们无法篡权。

虽然伊琳娜是摄政王,但她将自己而不是儿子的头像印在其统治期内的第一批硬币上,她还把自己的名字印在硬币不太显眼的一面,以此确立她的统治地位。君士坦丁成年后,伊琳娜并没有放弃权力的迹象,但她的儿子野心勃勃,于是两人开始政斗。伊琳娜逮捕了她儿子的手下,并将他们以及儿子的任何支持者鞭打流放。除此之外,她还说服军队发誓在她死前不承认他为皇帝。当君士坦丁为儿子的出生而分心时,她开始为登上皇座而谋划。她让她的支持者抓住君士坦丁,把他囚禁起来,直到他被挖掉眼睛失明,失去登上皇位的机会。他最后因伤流亡海外而死。她所有的竞争对手都被消灭了,家人也都死了,伊琳娜终于得到了她所渴望的终极权力。

贪婪	🛡🛡🛡🛡🛡
狡猾	🛡🛡🛡🛡🛡
疯狂	🛡🛡🛡🛡🛡
邪恶	🛡🛡🛡🛡🛡

罗马之石：
尤利亚·玛伊莎女皇

如果不是因为这位历史上最有权势的女性之一的政治能力，罗马可能会发展为一个完全不同的帝国。

尤利亚·玛伊莎显然十分沮丧。她的外孙瓦瑞乌斯·阿维图斯·巴西安努斯（即埃拉伽巴路斯）在14岁时成为罗马的第25任皇帝，喜欢朝人群中扔毒蛇。人们尖叫着，奔跑着，拼命地试图逃离他在人群中扔出的毒蛇，他看到眼前的景象，笑得浑身发抖。

她知道这是皇帝埃拉伽巴路斯的日常操作。他毫无人性的做法会以残忍邪恶的方式引发伤害、恐慌和反感。他把客人绑在水车上淹死；杀死孩子，用他们的内脏占卜未来。作为一个拥有叙利亚血统的女人，玛伊莎在帝王登基中扮演重要的角色，他这样做是她没想到的。

起初，玛伊莎在皇室中是典型的贤妻良母。她不仅在罗马的政治阴谋和朝廷生活的各种方面都有经验，而且从卢修斯·塞普蒂米乌斯·塞维鲁结束狄第乌斯·尤利安努斯长达九周的恶毒血腥统治于公元193年成为皇帝开始，她就在统治阶层中占有举足轻重的地位。

幸运的是，公元180年末，塞维鲁娶了玛伊莎的姐姐茱莉亚·多姆纳为妻，当他统治罗马并打下塞维鲁王朝的根基时，玛伊莎既享有崇高的特权，又在社会上享有崇高的地位。她还能够对罗马及其领导人施加强大的影响，这使她成为历史上最强大的女性之一。她需要时刻坚强，因为麻烦总是接踵而来。

起初，她的地位相对稳固。她的丈夫，叙利亚贵族尤利乌斯·阿维图斯，在罗马元老院有一席之位，同时被

> 尤利亚·玛伊莎是太阳神赫利奥加巴勒斯的祭司盖乌斯·尤利乌斯·巴西亚努斯的女儿。

尤利亚·玛伊莎
约公元 165 年 5 月 7 日
至公元 226 年 8 月 3 日

简介 玛伊莎出生在罗马的叙利亚省,是太阳神赫利奥加巴勒斯的祭司盖乌斯·尤利乌斯·巴西亚努斯的女儿。她是古罗马最有影响力的女性之一。她促成两位帝国皇帝——埃拉伽巴路斯和亚历山大·塞维鲁的登基,是整个塞维鲁王朝的杰出人物。

◀ 我们可从这幅创作于 1884 年的插画了解尤利亚·玛伊莎的长相

▲ 在公元前100年的共和国晚期及公元100年左右的帝国时期，这是女性着装的典型例子

古罗马妇女

在古罗马，妇女在公共事务中起到的作用有限。虽然她们在传统意义上仍受男子控制，被要求生育并禁止服兵役，但她们能够拥有土地，全权负责管理家庭，如果她们愿意，她们甚至可以离婚并取回嫁妆。罗马的第一位皇帝奥古斯都对女性实行了更严格的限制，他颁布更严格的离婚法，通奸成为对国家的犯罪，但妇女受到尊重，如果有需要的话，她们完全有能力自立。她们担任医生、理发师、裁缝和店主等职务并接受教育。

虽然她们不在政治生活的最前线，但高级女性仍然能够影响皇帝，而且她们经常这样做，在政治上也颇为娴熟，以此证明自己的魅力。例如，年轻的阿格里皮娜皇后野心勃勃，专横跋扈，在尼禄执政的头几个月里寻求对其强有力的控制。但这一切都是在幕后进行的。她们无法在法庭上发言，当时有一种观点认为，通常情况下，妇女不应该发言。一位试图在法庭上发言的女人被贴上了"吠叫"的标签。

授予总督的职位，她满意地看着塞维鲁的长子马库斯·奥雷利乌斯·塞维鲁·安东尼努斯·奥古斯都（绰号卡拉卡拉）从公元198年起跟随父亲统治罗马。卡拉卡拉的哥哥盖塔在公元209年加入统治之中，但不久之后就惹出了麻烦。塞维鲁死的那一年，卡拉卡拉将盖塔谋杀了。但只有当卡拉卡拉本人在公元217年被一名陆军指挥官暗杀时，玛伊莎的地位才变得摇摇欲坠。

卡拉卡拉对玛伊莎很好。他允许她保留崇高的地位，她和姐姐长期住在皇室中，享受着优质的教育和舒适的生活。这其中很大一部分是多姆纳的功劳，据资料显示，多姆纳负责监管罗马政府的政策，同时负责行政生活。然而，卡拉卡拉死后不久，多姆纳就自杀了，皇帝的继任者、总督卫队长官马克里努斯终止了塞维鲁王朝。他提名他的儿子迪亚杜门尼安为继承人。

玛伊莎被迫离开罗马，返回叙利亚的埃梅萨。也许是为了肯定她的社会地位，马克里努斯允许她保留她积累的巨额财富——事实证明，他犯了一个重大错误。尽管玛伊莎的力量和影响力被严重削弱，她还是坚持回来。玛伊莎被驱逐的这一刻，预示着她真正的政治之路的开始，她接受了多姆纳的离开，并发誓要尽一切努力挽救王朝家族的地位并重建其血统。

玛伊莎决定让她家族的一员统治罗马，因为继承的规则意味着只有男人才能担任这样的职位，所以她的两个女儿茱莉亚·索埃米亚斯和茱莉亚·玛米亚都不合适。但是玛伊莎想，索埃米亚斯的儿子会是完美的人选，于是她策划了一个驱逐马克里努斯的计划。埃拉伽巴路斯成为她的首选对象。

她的想法是散布谣言，说埃拉伽巴路斯不是他父亲塞克斯图斯·瓦里乌斯·马塞勒斯的亲生子，而是卡拉卡拉的私生子，玛伊莎在埃拉伽巴路斯母亲的认可下做到了这一点。很可能有一个活着的、世袭的继任者存在的事实,使马克里努斯的支持者之间产生严重分歧。皇帝的士兵们开始逐渐对他们的统治者不屑一顾,但他们并没有一开始就对其表示不满。人们不满足于皇帝拥有毛里塔尼亚血统且只是骑士阶级,保守派认为他与历任皇帝的管理方式南辕北辙。

玛伊莎只向拉法尼亚的驻军付了一笔钱,就换来了他们的忠诚。玛伊莎的这个举动本身就是奇怪的——这证明她非常愿意扮演违背罗马社会规范的角色。妇女不能参与军事事务,也不能为了她们的利益而让男人参战。但这正是她所追求的,其结果是马克里努斯被杀,埃拉伽巴路斯开始统治罗马。埃拉伽巴路斯的时代到了。

尽管玛伊莎再次成为罗马统治阶层的一员,但埃拉伽巴路斯还是马上让玛伊莎和她的女儿失望了,不仅仅是因为他对宗教的偏好以及在帝国和军队方面的过失,他卷入了许多丑闻中,他娶了一个名叫阿奎莉亚·塞沃的贞女,还自封为神,将埃拉伽巴路斯神像放在别的神像之前。不过,她还是缓和了意见分歧,因为她的权力上升得飞快。她和索埃米亚斯都被授予了女皇的权力。玛伊莎成为奥古斯塔·阿维亚·奥古斯蒂(奥古斯塔即奥古斯都的祖母)。

事实上,人们对玛伊莎和塞维鲁王朝其他

▼ 塞普蒂米乌斯·塞维鲁拱门被用来纪念塞普蒂米乌斯·塞维鲁皇帝在帕提亚取得的胜利

> 值得注意的是，玛伊莎不仅是一位有权有势的女性，她还在她的同盟者去世时幸存了下来。

女性的真实影响力存在怀疑。一些学者认为，这些妇女只是宣传工具，她们做的都是幕后工作，对事态没有直接影响。我们永远无法确定她们真正的影响力到底如何，但有一个学派认为，玛伊莎——和之前的多姆纳——只是扮演了一个传统的罗马母亲角色。

然而，由于玛伊莎和她的家人历经多朝，他们似乎从最高级别的保护中受益。马克里努斯一直不愿剥夺玛伊莎的财富和威望，此举实际上为她的复出铺平了道路，并威胁到了他的地位。玛伊莎用自己的经历证明，如果没有别的能力，那就变得狡猾起来，拥有一颗政治战略的头脑。她决心回到罗马，她不仅制订出一个最聪明的计划来争取民众对孙子的支持，而且也确实取得了成功。

埃拉伽巴路斯似乎也低估了她。在他之前的许多皇帝一旦上台，就会驱逐像玛伊莎这样的人，因为他们害怕她会向别人寻求帮助以争夺权力。相反，玛伊莎不仅和埃拉伽巴路斯关系亲密，还勇敢直谏，让他认识到自己的行为并不是一个合格的罗马统治者。当他继续特立独行时，玛伊莎再次试图影响王朝的血脉，据说她不断增强自己的影响力。

她做了一件十分精明的事情，她试图让自己的另一个外孙——她女儿玛米亚和格修斯·阿勒夏努斯的儿子亚历山大·塞维鲁——成为下一任统治者。亚历山大的性格与他的表兄大不相同，他的行为举止更为端庄，更适合做一个皇帝，玛伊莎相信他在未来能更好地维护塞维鲁王朝的统治。埃拉伽巴路斯开始对这位14岁的年轻人保持警惕，而且他越来越偏执地认为亚历山大在士兵中的受欢迎度对他自己的地位构成了威胁，事实也确实如此。但玛伊莎再次证明了自己的精干，她说服他任命亚历山大为自己的官方继承人，此举使亚历山大获得了恺撒的头衔。

她不怕与女儿索埃米亚斯竞争权力，也不怕与她的另一个女儿玛米娅对立。即使皇帝两次密谋刺杀亚历山大，她仍然意志坚定。她知道埃拉伽巴路斯已经让禁卫军非常不安，于是她等待时

时间轴

公元165年
● 玛伊莎出生
公元165年5月7日
虽然我们不能精准地确定她的出生年月，但据推测，尤利亚·玛伊莎出生于公元165年5月7日。

● 第一个女儿出世
公元180年
玛伊莎的第一个女儿朱莉娅·索埃米亚斯出生。这时，玛伊莎已经嫁给了叙利亚贵族盖乌斯·尤利乌斯·阿维图斯·阿列克西亚努斯。当时的罗马女性基本上于15岁成婚。

● 塞普蒂米乌斯·塞维鲁成为皇帝
公元193年
塞普蒂米乌斯·塞维鲁在激烈的斗争后成为皇帝，他杀死了狄第乌斯·尤利安努斯，并处死了佩森纽斯·尼日尔和克洛迪乌斯·阿尔比努斯将军。他娶了玛伊莎的姐姐，并成为皇帝。

● 埃拉伽巴路斯出生
公元203年
埃拉伽巴路斯是索埃米亚斯的第二个孩子。他的出生对玛伊莎在日后施展抱负至关重要。

● 塞维鲁的统治时代结束
公元211年
塞维鲁在埃布拉库姆，也就是今天的英国约克郡，平静地死去。他曾与儿子卡拉卡拉一起掌权，之后卡拉卡拉又延续了塞维鲁王朝6年。

● 卡拉卡拉被杀
公元217年
卡拉卡拉是一位成功的皇帝。他非常信任他的母亲茱莉亚·多姆纳，但当他被杀时，多姆纳失去了影响力。她得了癌症，随后自杀。玛伊莎将发挥她的影响。

在罗马政治中玩弄把戏

在罗马政治中,幕后黑手和卑鄙伎俩并不陌生。马尔库斯·图利乌斯·西塞罗是一位哲学家、演说家、执政官和律师,但他一直认为他在公元前64年左右的政治生涯是他最伟大的成就,而这其中很大程度要归功于他的兄弟昆特斯。

这位同胞说,要想赢得选举,政治家必须向每个人承诺一切以争取支持,同时还要了解反对派的弱点,奉承选民,给他们希望。难怪他从那以后就有巨大的影响力。

但即使在他到达现场之前,政客们也会尽其所能获得权力。无论是在选举前赞助大型体育赛事、贿赂有影响力的人,还是在墙上潦草地写下口号("湖畔的夜饮者都要求你选马库斯·塞里纽斯·梵蒂亚为市政官")。事实上,假扮成赌徒或妓女支持对手是一种常见的伎俩。

像玛伊莎这样的女性应该深谙此类政治运作方式,事实证明,她们也十分愿意与人合作。毕竟,在古罗马,谋杀和侮辱人格都是争夺整体权力的手段。

机,他们最终在公元222年叛变。之后在埃拉伽巴路斯蜷缩在厕所里的时候谋杀了他,还杀死了索埃米亚斯。之后亚历山大成为新帝,于是玛伊莎继续掌权。事实证明,这份权力将伴随她度过余生。

在这段时间里,玛伊莎承担了更多的行政责任,甚至参与挑选16人组成元老院委员会。这也是一个首领深受爱戴的公正进步之期,这使她保持心态平和,直到公元226年左右去世。她为后人留下了财富,就像之前的多姆纳一样,她被正式神化了。

决定性时刻
恢复权力基础
公元 219 年

从叙利亚到罗马,埃拉伽巴路斯成为罗马的新皇帝,但玛伊莎知道她还需要做一件事去让人民接受他。他坚持穿紫色和金色的丝绸而不是羊绒,而且他看起来像个女人,这一点很难让罗马人完全喜欢他。他娶了一位贞女,这个事实也让他风评受损。他注定要失败,但此时此刻,玛伊莎和她的女儿索埃米亚斯一起被封为女皇。不过,这并没有阻止她寻找新皇帝。

▲玛伊莎在两位罗马皇帝的掌权之路中扮演了重要角色,其中一位皇帝就是埃拉伽巴路斯

决定性时刻
决策者
公元 223 年

亚历山大对玛伊莎唯命是从,事实上她才是真正的决策者。通过领导由第一位罗马皇帝奥古斯都创建的议会,她能够确保元老院只为皇帝的利益行事,这对皇帝和她自己来说都十分重要,因为此举可以有力地确保他们长期掌权。从许多方面来说,这是对她为确保塞维鲁王朝复兴而投入的所有幕后工作的有效奖励。

●阴谋开始
公元 218 年

玛伊莎在叙利亚生活得不如在罗马如意,所以她想利用卡拉卡拉在东部的强大军队。

●任命新皇帝
公元 218 年

14岁的埃拉伽巴路斯告诉军队,他是卡拉卡拉的私生子,战争很快就爆发了。这场激烈的战斗最终取得了辉煌的胜利,这个十几岁的男孩被指定为皇帝。

●埃拉伽巴路斯被杀
公元 222 年

尽管并不受人欢迎,但令人惊讶的是,埃拉伽巴路斯仍旧活了很久。玛伊莎说服他接受自己的另一个外孙亚历山大·塞维鲁为继承人,所以当埃拉伽巴路斯被暗杀时,就会有一个新的替代者。

●欢呼新皇帝的到来
公元 222 年

玛伊莎在密谋建立禁卫军的过程中起到了重要作用,其地位在亚历山大统治期得到巩固。她在帝国政府中掌权。

●玛伊莎在60多岁时去世
公元 226 年

她的出生年份不详,所以历史学家也不确定她是什么时候去世的。有人说是公元226年,也有人认为是公元223年或公元224年。

君士坦丁的
十字军东征

几个世纪以来，基督徒一直蠢蠢欲动、在旁窥伺，但在君士坦丁的统治下，基督徒们收敛锋芒，寻求与罗马的共处之道。

年轻的罗马皇帝君士坦丁，凝视着天空中的云彩，深深地为米尔维亚桥和撒克沙鲁布拉之间、位于罗马北部地区弗拉米尼大道上的古老村庄而祈祷。君士坦丁作为分裂的不列颠尼亚和高卢帝国的统治者，奔袭千里，向他的姐夫马克森提乌斯发动战争。马克森提乌斯从伽列里乌斯皇帝手中夺取了意大利中部和南部的控制权，自封为皇。

公元312年10月27日，君士坦丁对军队所做的战斗准备感到十分满意，这使他有充分的信心在第二天击败对手，从而进一步改变帝国的整个宗教进程。根据基督教教会早期历史学家尤西比乌斯的说法，君士坦丁在中午祈祷时，一个"神迹从天堂降临在他面前"。他说，太阳正上方出现了"Chi Rho"（希腊字母X和P的组合，是基督名字的前两个字母），上面有一个希腊铭文，意为"在这个符号的引领下去征服"。

君士坦丁相信这是一种神兆，他在梦中梦到耶稣让他在战斗中使用十字架。他也确实这样做了：他在士兵的盾牌上用希腊语画了基督名字的前两个字母。因此，当敌人被他的军队彻底击败，马克森提乌斯淹死在台伯河中时，君士坦丁认为这是基督的胜利。意料之中的是，这一事件使帝国大大改变了对待基督教的方式。那时还是异教徒一神论者的君士坦丁，迅速扭转了多年来对基督徒的迫害态度，并开始全力支持其运动。

当然，这一切听起来有些古怪，许多历史

> 尽管君士坦丁堡是一座基督教城市，但君士坦丁仍然建造了其他教派的神庙。

▼ 这是一幅描绘尼西亚公会议的绘画，于16世纪上半叶制作

君士坦丁一世
公元272—公元337年

简介 君士坦丁是罗马帝国皈依基督教的决策者，他在罗马被分成四个领土的内战时期掌权。他不仅当了皇帝，而且又成功地统一了帝国。为了纪念他保护基督徒并建立君士坦丁堡的功绩，他被称为君士坦丁大帝。

▲ 拉斐尔描绘的君士坦丁大帝在米尔维亚桥击败马克森提乌斯

学家对这种说法表示怀疑（有人说基督教是由他的母亲海伦娜灌输给他的，尽管这也没有得到证实）。尽管地质学家在2003年发现公元312年意大利中部出现流星的证据，也许可以解释那时天空中存在的光线，但仅仅一年后的解释中却没有提到天空中出现的十字架。公元314年，基督教作家拉克坦提乌斯首次将这个梦和盾牌上的涂鸦写进了文学作品中。但无论动机如何，结果都是一样的：君士坦丁开始相信自己是第13位使徒，他将作为第一位基督教皇帝被载入史册。

罗马对基督徒的所作所为一向是臭名昭著的。从一开始就是这样：尽管犹太总督本丢·彼拉多非常不愿意这样做，耶稣还是在公元33年被钉上十字架。但当信徒们开始相信基督已经复活时，一个独特的宗教派别开始成长。公元64年，罗马城内席卷了一场猛烈的大火，大火烧了六天，摧毁了该城的三分之一，当权者从此开始了对基督徒的迫害之路。尼禄皇帝试图缓和人们对他的指责，所以他污蔑说这一切都是基督徒干的。他召集了一些基督教追随者，把他们丢在火焰中。尼禄称罗马突然有了一个公共敌人，因此人们对基督徒的不满情绪越来越大。

基督徒被大量处决，通常情况下这是竞技场中的一种"娱乐方式"。多米提安在公元81年至96年的统治期间，将成为基督徒视为非法行为，但却似乎并没有阻止这个宗教的发展。公元203

年3月7日，在北非迦太基，五名基督徒被领进竞技场，维比娅·珀佩图阿就是其中之一。野兽袭击了他们，珀佩图阿被一头公牛撞伤，然后被一剑刺死。然而，这被基督徒视为一场信仰战胜死亡的胜利，他们不怕成为殉道者，这可以向罗马人表明迫害是完全没有结果的。基督徒遭到了持续迫害，虽然戴克里先在公元284年至305年十分暴虐，但他的举措只会使宗教更加强大。

正是在这种背景下，公元306年君士坦丁开始了他的统治之路。作为一个冷酷无情、值得称道的将士，他曾在帝国东部的军队中崛起，成为戴克里先和伽列里乌斯皇帝的军事护民官，他将亲身体验罗马人是如何对待基督徒的。但同样重要的是，他看到他的父亲君士坦提乌斯并没有参与这场迫害。

公元305年，君士坦提乌斯成为统治不列颠尼亚和高卢的西方皇帝，而出生在帝国西部的君士坦丁不久就回归故里，与他在一起。君士坦丁几乎没有时间去了解他的父亲，他的父亲于公元306年7月25日在一次与皮克特人的冬日战斗中去世。但是，在君士坦提乌斯临终前的推荐下，君士坦丁立即被他的军队誉为奥古斯都。他虽然只被伽列里乌斯接纳为西边的恺撒，但空气中却弥漫着变化的味道。

令许多人惊讶的是，公元311年，尽管伽列里乌斯是该宗教的反对者，他还是在塞尔迪卡颁布了一项宽容法令，结束了对基督教的戴克里先式迫害（尽管基督教对罗马帝国权力的威胁越来越大，但这一举动不可避免）。这意味着基督教将得到帝国的认可，结束八年来教堂被摧毁、《圣经》被焚烧、教堂财产被调查以及特权和权利被剥夺的历史。但在君士坦丁的统治下，这一切有了更大的进步。

公元313年2月，他和控制巴尔干半岛的李锡尼在米兰会晤，达成了一项协议，承诺在罗马帝国内对基督教实行宗教宽容。他说："任何人都不应被剥夺献身基督教的机会。"在承认帝国大部分人民是非基督徒的情况下，他还宣布人们可以自由地崇拜任何神，大部分人认为这是宗教宽容的试金石。无论是犹太人、基督徒、异教徒，还是那些追随传统罗马神的信徒，首次可以在罗马共存。

这也是基督教首次得到罗马帝国的支持。它变得制度化，男性主教成为政府人物，女性被推到幕后。同时，基督教财产被归还，教堂也被允许建立。除了恢复和平、稳定和安全，君士坦丁还把基督教变成了一种战斗宗教——军队在十字架下战斗。公元324年9月18日，君士坦丁在克里索波利斯与李锡尼作战，并取得了胜利，这使他成为唯一的罗马皇帝，从而结束了将帝国分割成四个帝国并导致激烈纷争的四帝共治制。

这位胜利者认为，他需要一个新的开始，所以他将目光转向旧拜占庭遗址。在那里，他试图建立一个新的首都君士坦丁堡，也就是现在土耳其的伊斯坦布尔。这座城市不仅以他的名字命名，在他死后还成为欧洲最大且最富有的城市；它易守难攻，拥有一定的战略地位；同时它还成为一个基督教城市。

这并不代表罗马就没有改变。君士坦丁制订了一项大规模的宗教建筑计划，他于公元318年至322年下令在古罗马尼禄竞技场的顶部修建一座大教堂。在他死后，这座教堂在公元360年完成。如今，梵蒂冈城就坐落在那个地方。

即便如此，君士坦丁的这些基督教计划并没有使他心满意足，随后，他不遗余力地使整个帝国的基督教变得完全合法化。尼西亚的第一个理

> 君士坦丁宣布周日为休息日，并打算让市民利用这一天来参加基督教教会。

事会——基督教主教理事会——于公元325年召开。这证实了三位一体的教义,即犹太神为父、耶稣为子和自然力为圣灵的结合。这份对基督教的完全接受并没有带来一个完全和平的时代——基督徒最终在对信仰精确解释的争论分歧中互相攻击——但它让基督教在没有后顾之忧的情况下站稳脚跟。

尽管君士坦丁实行了如此多的宗教变革,但他自己只是在临终时接受了洗礼(尽管这种做法在当时相当普遍)。他在公元337年复活节后不久病倒,皈依了基督教。他选择约旦河作为洗礼之地,因为据说那里是基督接受圣徒约翰洗礼的地方,尼科米底亚的阿里亚斯主教尤西比乌斯主持仪式,免除了皇帝认为自己积累下的众多罪恶。他于公元337年5月22日去世,享年65岁。

▲ 罗马首都博物馆"君士坦丁巨像"的脚

决定性时刻
君士坦丁被派往东方
公元 293 年
戴克里先为了培养那些潜在罗马领导人的忠诚,将包括君士坦丁在内的男孩们派往东方。在那里,他们居住在戴克里先的宫廷中,被训练成战士,学习拉丁语和希腊语,并接受罗马式的教育,以便将来他们也能成为有所作为的皇帝。戴克里先的统治期相对稳定,主要是因为他镇压了那些会威胁他权力的人,其中就包括了基督徒。人们通常认为君士坦丁目睹了基督徒遭受的残酷迫害。

决定性时刻
纷争
公元 306 年
当君士坦丁通知伽列里乌斯,他现在是皇帝时,这位东方的领袖拒绝承认他的地位,而是授予他恺撒的头衔,把奥古斯都的荣誉交给塞维鲁。但君士坦丁仍然拥有强大的权力,统治着不列颠尼亚、高卢和西班牙。马克西米安的儿子马克森提乌斯在罗马叛变时,塞维鲁被派遣前往处理这一局势。但他并没想到马克森提乌斯会和其父亲共治,他们的联合部队士兵向他们宣誓忠诚,确保战胜塞维鲁。第二年,塞维鲁被处决。

时间轴

公元272年
● **君士坦丁诞生**
公元 272 年 2 月
虽然君士坦丁的实际出生年份尚不确定,但他是一位名叫弗拉维乌斯·瓦莱里乌斯·君士坦提乌斯的罗马军官和海伦娜之子,如今海伦娜被尊为圣人。

● **父亲成为恺撒**
公元 293 年
戴克里先皇帝任命了两位下级皇帝或者说恺撒:在东部提拔伽列里乌斯,并允许马克西米安在西部提拔君士坦提乌斯。这是"四帝共治"的一部分。

● **父亲成为皇帝**
公元 305 年
戴克里先退休后,君士坦提乌斯和伽列里乌斯都被提拔为他们领土上的奥古斯都。被视为恺撒的君士坦丁前往不列颠尼亚帮助他父亲竞选。

● **君士坦丁称帝**
公元 306 年
当君士坦提乌斯死在伊布拉库姆(现代英国约克郡)时,"四帝共治"开始瓦解。君士坦提乌斯要求士兵们把君士坦丁当作他的继承人,他们也确实做到了。

建设新罗马

他们说罗马不是一天建成的，而且帝国的新首都也不是在古希腊殖民地拜占庭建立起来的。君士坦丁在公元324年指定了这块土地作为新首都，他认为此地位于欧洲和亚洲之间，比罗马更靠近帝国的东部，为他统治的新的统一大国提供了重新开始的机会。

新罗马是在六年多的时间里建成的，它和罗马一样被分成了14个地区。公元330年，它成为圣地。它有围墙用于防御，并充满了来自希腊和罗马城市的艺术品。这里有新的宫殿和教堂，庆典广场——奥古斯塔——也被放置在此处，周围有门廊。由于基督徒不赞成举行血腥角斗游戏，圆形竞技场被遗弃了。

为了纪念皇帝，这座城市被称为君士坦丁堡，并被视为通往欧洲的门户。它也是贸易中心，在很长一段时间里，是世界上最大和最富有的城市。但几个世纪后，随着奥斯曼帝国在其周围的发展，这里最终走向衰落。

▲ 公元330年，圣安博利塔的君士坦丁柱从罗马的阿波罗神庙被移到君士坦丁堡

决定性时刻
马迪亚战役
公元 317 年

尽管君士坦丁和李锡尼合作过（米兰法令为宽容基督教铺平了道路），但任何和平都不会长久。君士坦丁在前一年入侵了由李锡尼统治的巴尔干半岛省份，现在他们又要作战了。这导致李锡尼同意君士坦丁是他的上司，这份和平持续了七年。与此同时，李锡尼在公元320年又开始压迫基督徒。公元324年，内战爆发。在克里索波利斯战役中，李锡尼被击败，这是无数次战斗的高潮。

● **持续混乱的叛乱**
公元 310 年
在西方，李锡尼被任命为奥古斯都，但马克西米安和马克森提乌斯仍然给君士坦丁带来了麻烦。马克西米安在公元310年自杀，第二年马克森提乌斯与李锡尼开战。

● **米尔维亚桥战役**
公元 312 年 10 月 28 日
双方的斗争进入白热化阶段，君士坦丁和马克森提乌斯——二人是法律意义上的兄弟——展开了一场激烈的战斗。马克森提乌斯被杀。

● **君士坦丁支持基督教**
公元 313 年
据说，公元312年对君士坦丁来说是意义深远的一年，他以宗教宽容的宣言终止了对基督徒的迫害。

● **统一的帝国**
公元 324 年
君士坦丁成为唯一的皇帝。四帝共治结束了，他可以不受约束地大展宏图。他希望把首都从罗马迁到后来的君士坦丁堡。

● **第一次尼西亚公会议**
公元 325 年
君士坦丁希望建立第一个基督教的普世理事会，除此之外，他还奠定了许多即将成为基督教一部分的传统。

公元337年
● **君士坦丁一世受洗后去世**
公元 337 年 5 月 22 日
君士坦丁在他生命的最后几天中，通过洗礼洗去了他的罪恶，正式成为一名基督徒。他于337年5月22日因病去世。

罗马的神话与宗教

罗马神明的故事已经传承了好几个世纪，在未来的几个世纪里，这些故事的作者和讲故事的人都会不断地涌现出来。

128	护家神和家庭信仰
136	万神殿
139	罗慕路斯与雷穆斯
146	神谱
148	神话中的少女
153	罗马的密教

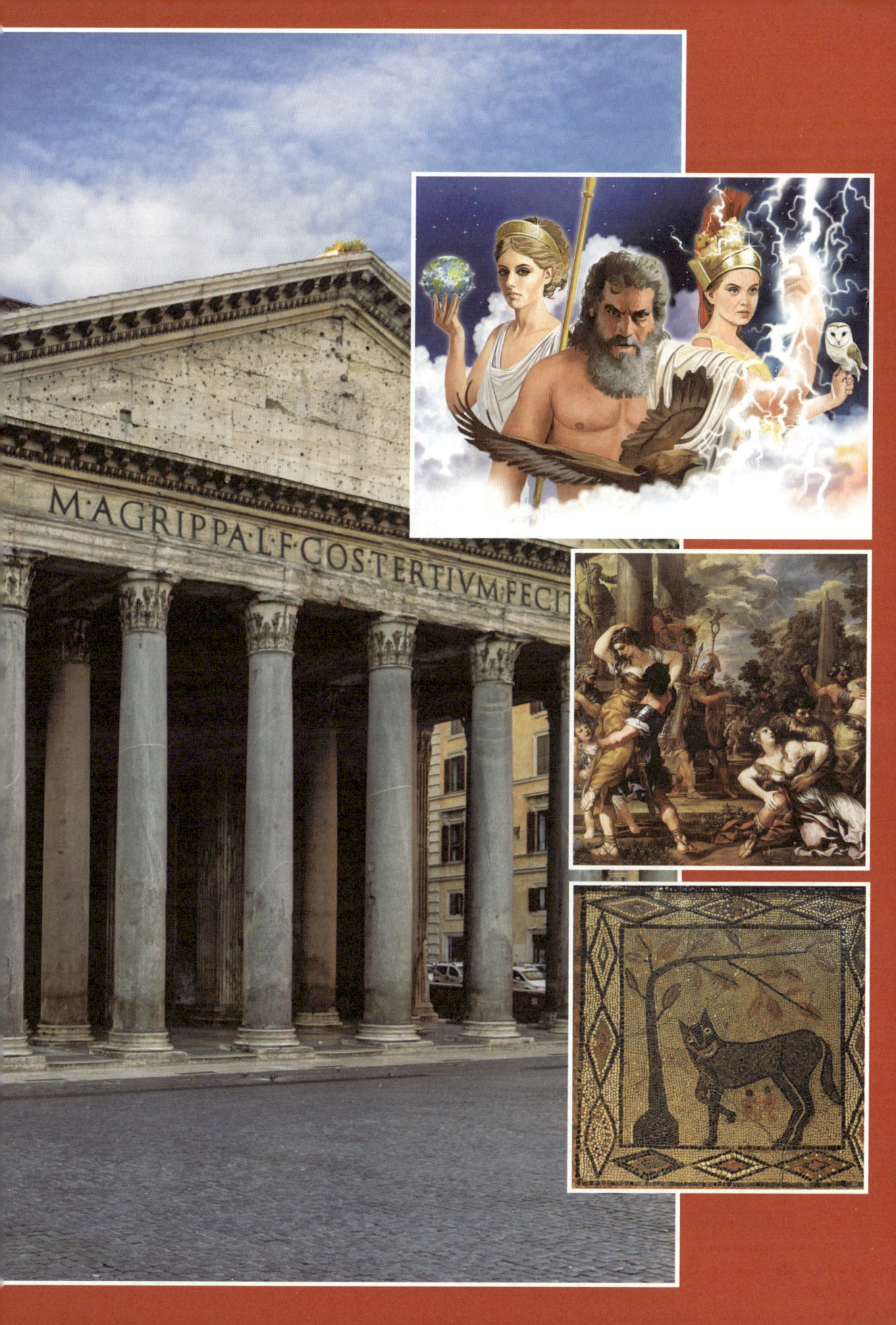

护家神和家庭信仰

神、神殿和家庭信仰：
在罗马人的日常生活中，宗教是什么样子的？

以现代人的眼光来看，我们会觉得这样的事情很奇怪：对古罗马人民来说，宗教是最重要的，它是日常生活中不可或缺的重要组成部分，神控制着发生在个人身上和国家的一切。无论事情好坏，古罗马人用这些变幻无常的神之行为来解释发生的一切。因此，从奴隶到皇帝，以及介于这两个阶层之间的每一个人，都把大量时间和精力花在宗教相关事务上也就不足为奇了。事实上，罗马人表现出了高度的集体虔诚。他们认为，罗马帝国不断扩张的成功之举，拜众神所赐。作为一个多神论的社会，人们需要做很多工作来维持神的心情，让他们保持快乐，因为激怒神并失去神宠的后果是个人或帝国无法想象的。那么罗马人是如何保持这种微妙的平衡的呢？

至今仍能在英国发现罗马宗教曾经存在的证据：圣保罗大教堂建在狄安娜神庙的遗址上。

宗教渗透到古罗马日常生活的方方面面。宗教仪式始于罗马文化和经验的重要中心：家庭。因此，家庭内部的私人崇拜是所有罗马宗教生活的基础。帝国幸福感的集体贡献或虔诚的根源，便是每个家庭的私人宗教信仰。

因此每户人家都会有一个神龛，供奉那些对当地人来说很重要的神。对于罗马人来说，神不是遥不可及的，他们存在于日常生活中。户主负责领导并指挥举行宗教仪式，在家中扮演祭司的角色。神像放在神龛里，在特殊的场合，圣餐会以神的名义举行。人们相信，神确实出席并享受了这场饭局，人们会把神当作贵宾对待，并为神安排专有座位和食物。

影响人们日常生活的不仅仅是神明，尤其对

宗教仪式始于罗马文化和经验的重要中心：家庭。

▲ 萨图恩神庙雄伟地耸立在古罗马广场上，有些人认为那里是西方文明的发源地

▲ 在庞贝废墟中发现的来自维蒂兄弟联排别墅中的罗马家庭神龛

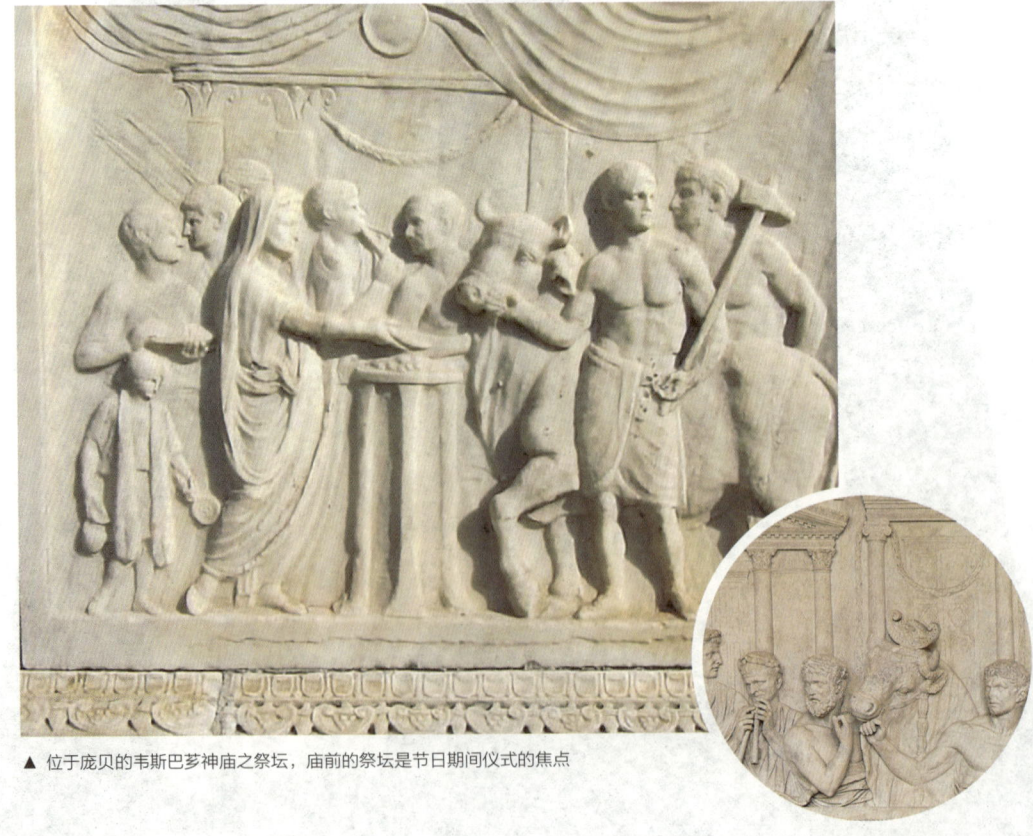

▲ 位于庞贝的韦斯巴芗神庙之祭坛，庙前的祭坛是节日期间仪式的焦点

▲ 一位新的灶神守护祭司于维斯塔神庙的永恒圣火前诞生

私人领域的家庭来说，最重要的是位于住处和家庭中的灵，这些灵把家庭成员紧密相连，给予他们应有的荣誉并承认他们的存在对于一个家庭的和谐生活来说至关重要。家里有各种各样的灵：护家神是本地的灵，或者是死去的祖先的灵；这些灵的塑像会被安置在家里的神龛中，人们相信，只要这些灵心情舒畅，就会保佑家里的人过得很好，同时人们也坚信灵会经常和家里人一起用餐。家神是家庭中另一种重要的灵，他们可以确保食物不腐、年年有余。也有一些不那么友好的灵会出现在房子里，比如狐猴，这些恶灵会给家庭成员带来折磨。人们认为，如果护家神感到委屈或认为自己没有得到应有的尊重，就可能成为这种类型的神灵。

另一种在罗马宗教生活中非常重要的仪式是公共宗教仪式。这种仪式与家庭内部的宗教崇拜不同，形式多样。公共宗教仪式通常在专门建造的神庙中举办，展现了罗马及其诸神的荣耀。每个城镇都至少有一座神庙，而罗马本身也有许多神庙，包括朱庇特神庙、维斯塔神庙、卡斯特神庙和波卢斯神庙以及韦斯帕芗神庙。庙宇内供奉着罗马万神殿的12位主神以及其他重要的神，如雅努斯、弗洛拉和普鲁托。这些神庙的位置进一步突显了宗教仪式在罗马生活中的重要性，它们通常建造于十分显眼的地方，如古罗马广场或主干道的边上。

在每座神殿内，受供奉的神像位于主厅或大殿内。一些神殿被用来供奉多个神，在这种情况下，每一个神都会有一个单独的以其名字命名的大殿，里面有相关神的塑像。人们相信，圣殿所供奉的神实际上居住在圣殿内，而大殿是神的生活场所，并不只是一个纯粹的象征。每个人祈祷内容的不同将决定他们前往不同的神殿祈祷。例如，那些为有关战争事宜祈祷的人会前往玛尔斯

庆祝之时

古罗马人民喜爱他们的节日,以下节日只是众多古罗马节日中的一部分。

牧神节
庆祝生育

每年的2月15日是牧神节。在罗慕路斯与雷穆斯生活的山洞里,人们宰杀狗和山羊,两队穿着山羊皮的男孩身上涂着鲜血,男孩们拿着羊皮鞭沿着固定路线奔跑,一边跑一边鞭打围观的人。希望怀孕的妇女会聚集在街道两旁,祈望羊皮鞭抽打到她们头上。

祭典
为了纪念保护家庭的护家神

它是罗马最重要的节日之一,在12月底或1月初举行三天。人们在十字路口留下祭品,奴隶们在这几天可以随心所欲地做自己想做的事情。门阶上放着木制的塑像,以此安抚护家神,祈求他们护佑自家。

康苏斯节
仓神康苏斯节

此节日于8月期间庆祝,由最高祭司和女祭司共同主持。人们将丰收的第一批果实摆放在全新的圣坛上献祭给康苏斯。为了纪念康苏斯,人们还举行战车比赛和游戏,家畜们也在这天休息。

侍女节
侍女们的盛宴

侍女节据说在7月7日举行,这个节日是为了纪念罗马人依靠一个名叫菲洛蒂斯的侍女和一棵燃烧的无花果树打败拉丁军队。为了庆祝这个节日,罗马的女奴会穿上她们最好的衣服,用无花果树枝敲打自由民。

公众对帝国的崇拜是一种更受控且更正式的事情，因此公共宗教仪式通常在专门建造的神庙中举办。

神殿，而那些想收获爱情或得到恋爱帮助的人会去祭拜维纳斯。尽管神殿修建得十分宏伟，但宗教仪式和祭祀仪式实际上是在外面举行的。神殿正面用柱子来吸引人们注意祭坛。

由于宗教仪式是否能正确举行十分重要，故而罗马的公共宗教仪式由重要的祭司主持。祭司有许多职责，其中就包括主持仪式和游行、主持祭祀、解释预兆和宣布节日。不同类型的祭司承担着不同的职能和责任，其中大祭司最重要且最有影响力。罗马人民和他们的神之间的关系十分错综复杂。信徒会向神灵祈祷一些东西，如果神灵让祈祷应验，信徒会供奉一些回报。祭品——也许是酒或食物——或者是奉上帝之名准备的祭品，可能会进一步使其收获一个有利的结果。祷告是非常重要的，无论是在私人礼拜还是在公众礼拜中，没有祷告的仪式或祭祀都被认为是无效的。

每个人都参加帝国的宗教生活，包括那些社会地位较低的人，如奴隶和妇女。事实上，有些仪式只有女人才能主持，而罗马的处女们至今仍被人们铭记。妇女不使用动物祭祀，她们在公共宗教生活中的作用普遍有限。

罗马人有许多具有宗教意义的日子，在帝国历史的某些时期，日历上的圣日比非圣日还要多。其中一些节日只持续几个小时，而其他一些

> 在奥古斯都统治期之后，已故的皇帝被赋予神圣的地位，与其他神一起受到民众的祭拜。

▲ 展示祭品准备过程的大理石碎片，可追溯到公元2世纪

制作祭品

祭祀是罗马宗教仪式的一个重要组成部分，尤其是在罗马公众参拜的壮观场面中。人们将动物作为主要的祭品，不同的动物被献给不同的神：一头小母牛就足以供奉朱庇特，但贪婪的玛尔斯却需要一头羊、一头猪和一头牛，然后才同意与凡人进行交易。

制作祭品的过程非常复杂。在经过祈祷、分享葡萄酒和一个漫长的仪式之后，动物会被杀死剥皮。接下来，人们将动物剖开检查内脏并对未来做占卜。动物的一部分会被留给神灵享用，剩下的部分则被烹调供在场之人进食。

通常情况下，祭品并不一定会涉及动物的死亡，祭品唯一的要求就是它必须是活物，因此人们也可以用葡萄酒、奶酪、水果甚至面包屑来做祭品。公元前1世纪通过了一项法律，禁止杀人献祭，这意味着杀人献祭在以前是存在的。

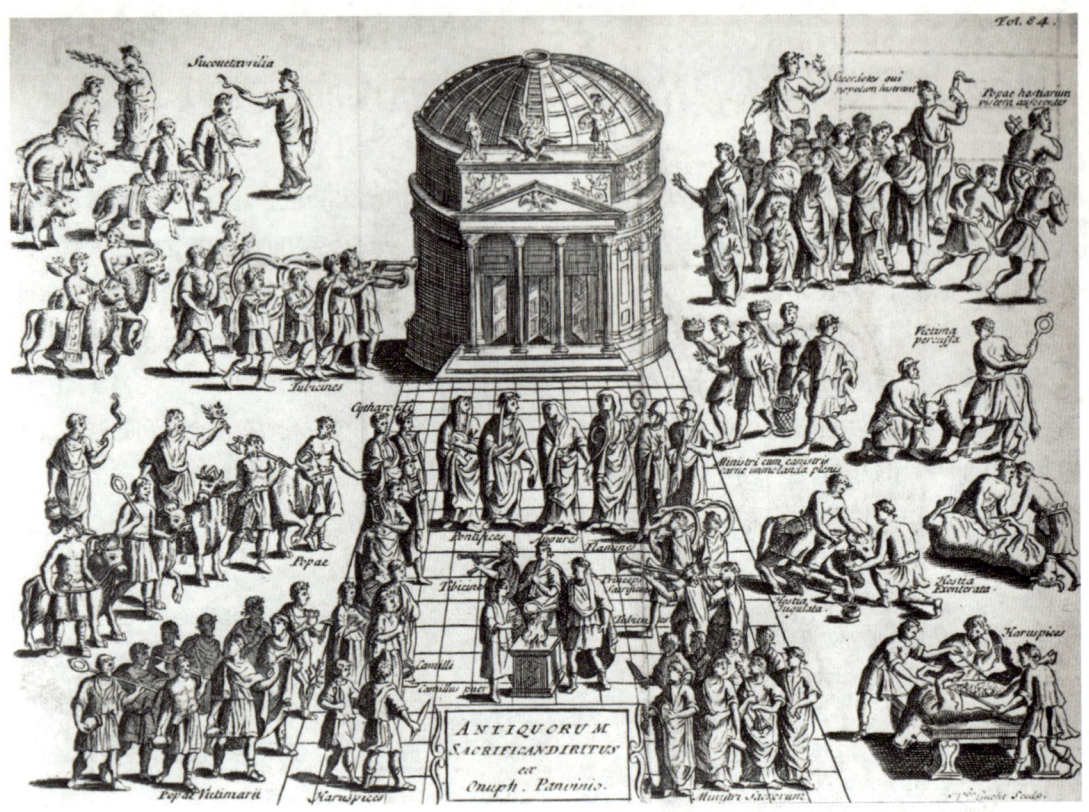

▲ 罗马万神殿外，大约在公元200年左右，此地正举行一场祭祀仪式和游行，人们为此宰杀了公牛、绵羊和猪

建造神殿可以用来表达胜利后对神的感恩之情，也可以视作保障成功交易的砝码。

节日——比如农神节——可能会持续几乎一周。每个神都有独属于自己的节日，这一天也可能是一个公共假日。

除了帝国承认的"官方"宗教外，国家内部还存在其他宗教和派别，其中之一是崇拜和神化皇帝的帝王崇拜。还有一些"神秘"宗教是从罗马人征服的地区引进的，比如密特拉教。当然，基督教是这些"外来"宗教中最有影响力和最普遍的一个，它在公元4世纪成为帝国的国教，至少在形式上结束了古老神教的仪式活动。

罪和刑

宗教渗透在罗马生活的方方面面，对不义者来说也是如此。叛国被认为是对社会和宗教秩序的威胁和直接冒犯，因此被当作宗教罪处理。如果被判有叛国罪，犯罪者就有被处死的危险，通常表现为将其作为祭祀谷神或其他地狱神的祭品。叛国被定义有多种形式，那些搬动界石、欺骗客户、纵火或杀害父母的人不仅犯下罪行，还冒犯了神明。

▲ 在罗马奥古斯都广场发现的描写母亲和孩子的还愿诗

遵守诺言也很重要，起誓被认为是起誓者和他向之起誓的神之间的协议。如果有人违背了誓言，这将被视为一种非常严重的罪行，即将自己置身于社会之外，因此会受到众神的惩罚。如果人们杀死的是失信者就不会被判为谋杀罪，相反，人们将其解释为替神惩罚背约者。神圣的律法规定，无论是偷窃的奴隶，还是做伪证的人，都会被从塔尔珀伊亚岩石抛下。在黑夜中偷偷收割别人的庄稼会被处以死刑然后祭祀给谷神。祭司也不能幸免，那些不履行职责、业务能力低下的人，会受到大祭司的惩罚。

祭司对帝国的宗教福祉至关重要。
以下是一些祭司的类别。

▶ 战神玛尔斯的雕像：以他的名字命名的三月是献给战神的节日

圣王
他们最初的目的是随着罗马共和国的到来，取代以前由罗马国王担任的宗教角色。这个词提醒人们他们地位的起源。这些祭司不能担任公职，因此他们被禁止在元老院任职，以此削弱他们的权力。他们后来负责在历法上宣布宗教节日。

祭司委员会
祭司委员会担负着守卫西比林预言书的重要任务，这些书籍包含了有关帝国命运的预言。人们在重要时刻向他们征询意见，看看需要做些什么。他们还负责合并所有传入罗马的外来神。

大祭司
在最高祭司的监督下，祭司团负责举办日常公共仪式。他们是公共仪式的总监督人，也是四大祭司团体中最杰出的，他们可以任命其他祭司团的成员。

占卜官
占卜官通过解释鸟类的飞行路线来进行占卜，他们预测从战斗到贸易再到宗教领域行动的成败。占卜官还对被献动物的内脏加以分析，以此确定神的意愿，以便人们能够采取相应的行动。

弗拉门祭司
这些祭司为某个特定的神或女神奉献终身，他们负责照管他们所奉献的神的殿。其中最重要的是朱庇特的弗拉门祭司、玛尔斯的玛尔斯祭司和奎里努斯的奎里努斯祭司。一些人认为弗拉门祭司是罗马最古老的祭司，他们往往终身任职。

万神殿

万神殿是古罗马最经久不衰的建筑之一，是一座无愧于众神、超乎想象的建筑。

公元118—公元125年，哈德良皇帝建造了一个由混凝土和石头铸成的杰作——万神殿。它是一座多神教的神殿，供奉着罗马所有异教神。万神殿下半部由圆柱支撑，从高度一半的地方开始，上半部为半球形的穹顶，中间有一个圆孔。它的建造是为了取代公元前27年奥古斯都皇帝的得力助手阿格里帕建造的初始万神殿，这座初始的万神殿在公元80年的大火中被烧毁；后来，多米提安皇帝重建了它，但它又在公元110年遭受雷击，重蹈了三十年前的覆辙。万神殿至今仍屹立不倒，它是罗马的一大特色，每年都有数百万游客前来参观。

这座建筑的设计会产生一种古老的特殊效果，因为在春分的中午，太阳以一定的角度斜射，穿过紧闭的门上方的格栅，照亮前面的庭院。当罗马人庆祝4月21日为这座城市的建立之日时，他们能看到皇帝站在万神殿的入口处，沐浴着从里面射来的光，场面十分壮观。

公元609年，拜占庭皇帝福卡斯将万神殿赠给了教皇卜尼法斯四世，这是第一座变为教堂的异教徒神庙，它是献给圣母玛利亚和所有殉道者的教堂。事实上，万神殿在整个中世纪一直处于使用状态，这无疑使它免于毁灭。

万神殿内部

从建造它所用的材料，到它顶端的多用途复眼，万神殿的一切都让人惊叹……

在现存的所有古罗马建筑中，万神殿因其架构而令人叹服。这座巨大的穹顶顶部开有一个能让阳光照射的圆孔，它完全由罗马人用一个木制框架上的可塑混凝土制成。它至今仍是世界上最大的无钢筋混凝土圆顶。圆顶的直径为43.30米，从地面到圆顶的距离与直径完全相同，神殿的比例十分完美。

穹顶的内部象征拱形的天堂，穹顶顶部的圆孔是建筑内除了门洞外唯一的自然光源。全天光线都会通过这个圆孔照射在神殿内，这个开口也为建筑提供了通风渠道。在暴风雨中，微微倾斜的地板将雨水引到下面精妙的排水系统中。

▼ 万神殿位于罗马圆形广场，由16根科林斯柱支撑

罗慕路斯失踪后，人们认为他已然飞升，尊他为奎里努斯（古罗马早期神）。

▲ 这幅由彼得·保罗·鲁本斯于1615—1616年创作的油画描绘了罗慕路斯和雷穆斯与帮助喂养他们的啄木鸟玩耍的情景

罗慕路斯与雷穆斯

这对双胞胎是如何建造历史上最伟大的帝国之一的?

　　罗慕路斯和雷穆斯的故事以及罗马的起源经受住了时间的考验,成为历史上最伟大的创始神话之一。我们都很熟悉这些关键词:双胞胎,狼,致命的分歧。但是我们对这个传奇故事本身究竟知晓多少呢?

　　关于罗马建立的最古老和最充分的叙述来自李维所著的《罗马史》一书。故事一开始,阿尔巴·隆加的国王努米托就被他的兄弟阿穆略驱逐出境,随后渴望权力的阿穆略杀死了努米托的所有儿子,把他的女儿瑞亚·西尔维亚送去做贞女祭司。

　　阿穆略认为此举可以让她无法婚嫁,以免有后代参与王位之争,但他没有考虑神的干预。据描述,瑞亚·西尔维亚"被迷住"了:她怀上了一对双胞胎男孩,她声称孩子的父亲正是战神玛尔斯。阿穆略下令把孩子们淹死,但命运再次介入其中。孩子们被放在篮子里漂流于河上,但很

上帝之子

神与凡人生儿育女之事在当时是闻所未闻的。在这对双胞胎的有生之年,玛尔斯似乎从未与他的儿子们联系,只留下瑞亚·西尔维亚一人承受屈辱。这幅画由彼得·保罗·鲁本斯于1616—1617年创作,名为《战神玛尔斯与瑞亚·西尔维亚》。

快就被冲上了岸边,篮子和里面的婴儿被母狼发现了。这位令人意想不到的保护者拯救并抚育了他们,使他们免受伤害,直到他们被皇家牧人浮斯图卢斯发现。这个男人把这对双胞胎带到他的小屋里,他的妻子对他们视如己出,悉心养大,分别给他们起名叫罗慕路斯和雷穆斯。

兄弟俩都生得体格健壮,胆气豪迈,有着一股无所畏惧的勇气。他们很快就融入了这片土地,与当地的年轻人打成一片。有一天,他们与另一伙青年牧人发生冲突,虽然他们都十分英勇善斗,但雷穆斯还是被抓走并被带到了努米托国王那里。通过一系列的偶然事件,这对双胞胎终于发现了自己的真实身份,在最后的决战中,罗慕路斯杀死了阿穆略国王。

努米托正式成为合法国王,一切又恢复了正常。罗慕路斯和雷穆斯对此非常高兴,他们受到了鼓舞,想在他们被抚养长大的地方建立一座属于自己的城市。不幸的是,两兄弟为这座城市到底应该建于何处而争吵不休:罗慕路斯认为应该建在帕拉丁山,而雷穆斯则认为阿芬丁山是最好的位置。他们最后决定用占卜来解决纷争——通过观察鸟类的飞行模式来解读。两人无法就结果达成一致,各自认为占卜结果是支持自己的。在试图结束僵局时,每个人都被自己的支持者拥立为王。争端最后演变成了公开的战斗,悲剧发生了:雷穆斯被击倒并被杀害。再也没有人可以阻挡罗慕路斯了,他独自一人创建了新城市。这座城市以他的名字命名,成为我们现在所知的罗马城。

这对双胞胎的父亲的身份之谜十分引人遐思。李维认为,把责任推到玛尔斯身上是西尔维亚隐藏或试图忘记她被强奸的方式。有人认为,这个可怜的女人是在被强奸或诱惑时,为了保持自身纯洁而编造了一个故事,这个故事既可以安抚自己，也可以让别人接受并原谅她。不过，并非所有记载都认为玛尔斯才是那个罪魁祸首。普鲁塔克提出了一个新的说法，那就是双胞胎的父亲不是别人，正是阿穆略自己。在其他版本中，半神赫拉克勒斯被称为双胞胎之父，玛尔斯却没有这样的称呼。公元75年，希腊历史学家普鲁塔克在书中列举了一些其他版本。其中一个版本将双胞胎的祖先称为特洛伊王子埃涅阿斯。在这个故事中，当河水泛滥时，孩子们被冲到了意大利。所有其他船只都被冲走了，只有那艘载有双胞胎的船只幸存了下来，他们最终获救，而发现他们的地方当时就叫罗马。另一个版本记载道，罗慕路斯的母亲是罗玛，因此这个城市的名字具有双重意义。还有一个版本与李维流传下来的故事一致，认为玛尔斯是他们的父亲，但将他们的母亲认作埃涅阿斯和拉维尼亚的女儿埃米莉亚。

拯救和养育这对双胞胎的母狼已经成为故事的象征，也与罗马本身有着密切的联系。虽然李维没有提到，但在一些记载中，啄木鸟和其他鸟类帮助母狼一同养育婴孩，它们给婴儿带来食物并保护他们。狼和啄木鸟都与玛尔斯有着密切的联系，进一步暗示着传说中的双胞胎之父的身份。然而，也许"狼"根本不是狼：一些古代历史学家和现代作家认为，记载存在混淆的情况，人们所讨论的狼实际上是发现男孩的牧羊人的妻子。卢帕不仅是拉丁语中"狼"的意思，还代表着一个生性浪荡的女人或浮斯图卢斯的妻子。有记载断言，卢帕指的就是这样一个女人。那只传说中的母狼并没有哺育孩子，是这个女人养育着婴儿，保障他们的安全。

尽管这种说法被古代的历史学家所认可，但如今，人们仍旧认为那段传奇的神话故事就是罗马建立的真正背景。然而，历史学家和考古学家安德烈亚·卡兰迪尼坚持认为，这个故事中的真相可能远远不止这样。2007年，被罗马人视

▲ 阿拉卡萨利罗马圣坛一侧的图像，展示了罗慕路斯和雷穆斯诞生以及他们后来被浮斯图卢斯发现的故事

为神圣的卢佩卡尔洞穴，即母狼哺育双胞胎的地方，被发现了。对卡兰迪尼来说，这对早期发现的公元前8世纪的石墙和沟渠遗迹进行了进一步补充说明，对他来说，这是罗马建立相关传说的历史真实性的证明。这一"证据"虽然广受学术界的争议，但却提供了一个令人遐想的可能性，同时也突显了这个故事在今天仍旧具有吸引力。

尽管这个故事缺乏历史真实性，但古代和现代的历史学家都曾试图确定罗马的建立时间和双胞胎的出生日期。历史学家认为雷穆斯之死和罗马的建立年代并不相同，但公元前753年4月21日是他们最终达成共识的日期，其他推断时间分布于公元前758年到公元前728年之间不等。根

▲ 罗马帕拉丁山。根据传说，罗慕路斯和雷穆斯是在山上长大的，罗慕路斯选择此地来建造城市

据普鲁塔克的推断，这对双胞胎出生于公元前771年左右，雷穆斯在17或18岁时被杀害，最终罗慕路斯创建了罗马。

雷穆斯之死是故事的另一部分，这一部分内容引起了人们的极大关注，他们尤其关注这件事的发生缘由以及谁给了他致命一击。最普遍的说法是，无论是否有意，罗慕路斯都应该为他兄弟的死负责。在另一些版本中，据说雷穆斯嘲笑哥哥在领地周围修建的墙或壕沟，罗慕路斯一怒之下杀死了雷穆斯，阴鸷地宣称："如果有人跳过我的墙，那么就把他杀死！"还有的说法是，雷穆斯实际上是被一个名叫塞勒的罗慕路斯的支持者杀害的，塞勒对雷穆斯的嘲弄表示愤慨，用铁锹砸了雷穆斯的头。有些人认为塞勒担心承受罗慕路斯的怒火，很快就逃到了他在伊特鲁里亚的家乡，罗慕路斯随后被刻画成沉痛哀悼他兄弟之死的样子，并以应有的荣誉和仪式埋葬了雷穆斯。另一些人则讲述了相反的故事，认为罗慕路斯奖励杀死雷穆斯者以国王保镖指挥官的职位。在圣杰罗姆的版本中，雷穆斯实际上是被罗慕路斯的指挥官费比乌斯用

> 早在公元前269年，罗马硬币上就有描绘这对双胞胎被母狼抚育的画面。

"牧羊铲"杀死的。后续别的故事版本并没有透露凶手的姓名，所以杀害雷穆斯之人的身份仍旧是个谜团。我们从这些故事透露的信息中可以发现，雷穆斯对他兄弟的嫉妒招致了杀身之祸。大多数记载都认可罗慕路斯是造成雷穆斯死亡的原因。有趣的是，也有一些记载称，雷穆斯并没有死，而是建立了自己的城市，并将其命名为雷穆里亚。在这类版本中，雷穆斯非但没有被罗慕路斯所杀害，反而比他活得更久，度过了长寿且富裕的一生。

作为这座新城市的唯一统治者，罗慕路斯奠定了罗马历史。人民在他制定的法律和习俗下安稳度日；除此之外，他还建立了罗马的管理机构——元老院。罗慕路斯统治中最引人注目的一个故事是关于他与不幸的萨宾妇女。罗慕路斯发现自己的城市缺少女性，邻国人并不愿与城内的男性通婚，于是他采取了一种在道德上饱受诟病的举措：他以娱乐为借口举办了一系列游乐活动。然而，这只是一个偷走萨宾女人作为他子民之妻的诡计。尽管遭到了强烈的抗议，但这一举动似乎是成功了。尽管这一举动并不讨喜，但罗慕路斯在最初的统治颇佳，并受到了人民的尊重，当他的祖父去世后，他将接手阿尔巴·隆加王国。

然而，尽管罗慕路斯成功地扩张并巩固了罗马及其领土，他还是慢慢地失去了臣民和他一手创立的元老院的爱戴。当他们的领袖变得越来越专制，罗马之魂被越来越强硬的统治者践踏时，人们开始抱怨，随后由怨生恨。人们并不知晓罗慕路斯最后的命运，对其展开了许多推测。大多数记载都认为，罗慕路斯消失得无影无踪，尸体下落不明进一步助长了有关他死亡的争论。其中一个版本认为，由于罗慕路斯是半神之祖，所以他最后被神带走了。相传，在他对百姓说话的时候，忽然卷起了一场奇怪的风暴，刹那间狂风大

被狼养大

尽管被狼养大是罗慕路斯和雷穆斯声名远扬的原因之一，但他们并不是唯一被动物抚养长大的人。

在小说和神话中，由非人类代替父母抚养野孩子（如罗慕路斯和雷穆斯）的概念十分普遍。

通常的情况是，孩子们要么迷路，要么被遗弃，然后被后来养育他们的动物发现和照顾。在许多情况下，这可能会为以后的冲突埋下伏笔，因为这些孩子不谙世事，在野外环境中成长，一入人世就会冲击固有的价值观念。有些人会选择留在原来的环境中，而另一些会选择回归人类世界。有趣的是，这种冲突并没有出现在罗慕路斯和雷穆斯的故事中，这对双胞胎似乎已经充分适应并毫无困难地重返人类世界。这个故事本身或许可以证明养育他们的实际上是一个女人而不是动物。

最著名的小说和神话中的野孩子包括泰山和莫格利。据说，古时候，希腊女猎手阿塔兰塔被父亲遗弃，由一只母熊抚养长大。而在蒙古神话中，詹加学会了如何驾驭动物、狩猎和咆哮，并像罗慕路斯和雷穆斯一样，由母狼一手带大。如今，这类故事仍旧极富吸引力，从狗到海豚，小说和神话中的孩子们被各种各样的生物抚养长大。野孩子也并非完全是一个虚构的概念：有许多记录在案的案例（有些已经被证实，有些证据不足或没有证据支持）表明，从古至今，的确存在儿童由动物抚养长大的现象。

▲《泰山丛林故事》一书的插图，泰山是小说中最著名的由动物抚养的孩子之一

有关罗慕路斯和雷穆斯最出名的五个作品

卡皮托林狼
这件展示了双胞胎被母狼抚育情形的青铜制品,引发了极大的争议和猜测。以前人们认为这件制品来自公元前5世纪的伊特鲁里亚,现据碳测年显示,它实际上可能来自13世纪。这个雕塑现陈列于罗马的卡皮托林博物馆。

罗慕路斯和雷穆斯马赛克
这幅马赛克最初是一块大地板的主要部分,其年代大约为公元300年至400年,是罗慕路斯和雷穆斯与母狼的另一幅画像。它最初位于罗马的伊斯鲁姆布里根图姆镇(现在英国约克郡北部的奥尔德伯勒),现在被收入英国利兹市博物馆中。

斯特凡诺·卡莫格利的《罗慕路斯和雷穆斯》
这幅由热那亚巴洛克画家卡莫格利在17世纪创作的画作描绘了这对裸体双胞胎和他们的养母。卡莫格利以动物、静物以及历史题材的绘画而闻名于世。背景中的人可能是玛尔斯,也可能是将孩子们视如己出的牧羊人。

发现罗慕路斯和雷穆斯
罗马画家安德烈亚·卢卡特利以描绘神话场景而闻名,在这幅作品中,母狼显然没有出现在发现双胞胎的场景中。相反,我们看到的是牧羊人浮斯图卢斯的妻子张开双臂迎接着孩子们,这个女人可能就是神话中"狼"的起源。

背面印有罗慕路斯和雷穆斯的百年纪念币
这枚君士坦斯一世统治时期的硬币可追溯到公元4世纪。由青铜制成的百年纪念币是当政者的一种短暂尝试,他试图将大型青铜币重新引入货币流通中,但并没有取得太大的成功。君士坦斯一世在公元350年被暗杀。

▲ 有关罗慕路斯和雷穆斯的再现作品之一就是卡皮托林狼,该微型画深受游客欢迎

> 根据普鲁塔克的说法,罗慕路斯在54岁时失踪,这意味着他统治了罗马37年。

▲ 这幅描绘母狼和双胞胎的奇特马赛克曾经是一块大地板的一部分,创作于公元300年至400年

▲ 萨宾族妇女反抗罗慕路斯将其掠走作为他人之妻的阴谋

罗慕路斯开始慢慢地失去臣民和元老院的支持。

作,雷电交加,乌云蔽日。当会议结束时,罗慕路斯已然不见踪影,元老院宣布他们的领袖已经飞升,成为神的一员。还有一种比较实际的说法是,据说在当时或很长一段时间之后,罗慕路斯被谋杀了,他的尸体在暴风雨中被处理掉了。另一种说法是罗慕路斯在伏尔甘神庙迎来了自己的末日,这位不再受欢迎的统治者遭到元老院的恶意袭击。他被肢解,并被执行这一行动的人带走了,每名参与者都赌咒誓死维护这个秘密。

如今,这对命运多舛的双胞胎的故事仍在对流行文化产生影响。一直广受欢迎的《哈利·波特》系列小说中有一个最著名的例子,就是角色雷穆斯·卢平——这是对著名的罗马开国故事的双重引用,卢平也是狼的拉丁语。罗慕路斯和雷穆斯也出现在《星际迷航》、各种各样的小说、Ex Deo(加拿大乐队)的专辑和《刺客信条》游戏中。无论这个故事是真是假,毫无疑问,罗慕路斯和雷穆斯的故事仍然是罗马历史上最经久不衰的传说之一。

神谱

和肥皂剧类似，罗马神的家庭关系有些复杂。

朱庇特
众神之王
朱庇特是萨图恩和俄普斯之子，因此是泰坦的后裔。作为罗马所有神中最重要的一位，他因玩弄女性而臭名昭著，他以一己之力为罗马创造了至少九位神明。

萨图恩
农时之神
乌拉诺斯和塔拉之子。萨图恩掌权的时代被称为历史上的黄金时代，没有战争且食物充足。由于担心他的孩子会推翻他的统治，萨图恩开始吞食自己的后代，除了被他妻子俄普斯藏起来的朱庇特外，无一幸免。朱庇特最终迫使他的父亲吐出他的兄弟姐妹，他们一起推翻了他。

朱诺
生育和婚姻女神
朱诺是朱庇特的妻子，妒忌心和报复心极强。她不会公开表达对丈夫的爱意，反而喜欢斥责自己的丈夫，还会恶意地攻击他的情人及他与情人的孩子。尽管如此，朱诺本人仍然忠于朱庇特。

俄普斯
泰坦女神

维斯塔
炉灶与家庭女神

克瑞斯
农业女神

尼普顿
海神

伏尔甘
火神

普洛塞尔皮娜
冥后

普鲁托
冥王
普鲁托绑架了他的侄女普洛塞尔皮娜并封她为后：这对夫妇至少生有四个孩子。普鲁托在艾斯库雷普之死中起到了重要作用，因为他向朱庇特抱怨说，医神的成功严重影响了他掌管的冥府。

拉托娜
谦逊和母性的泰坦女神

狄俄涅
大洋神女

玛雅
阿特拉斯之女
泰坦神

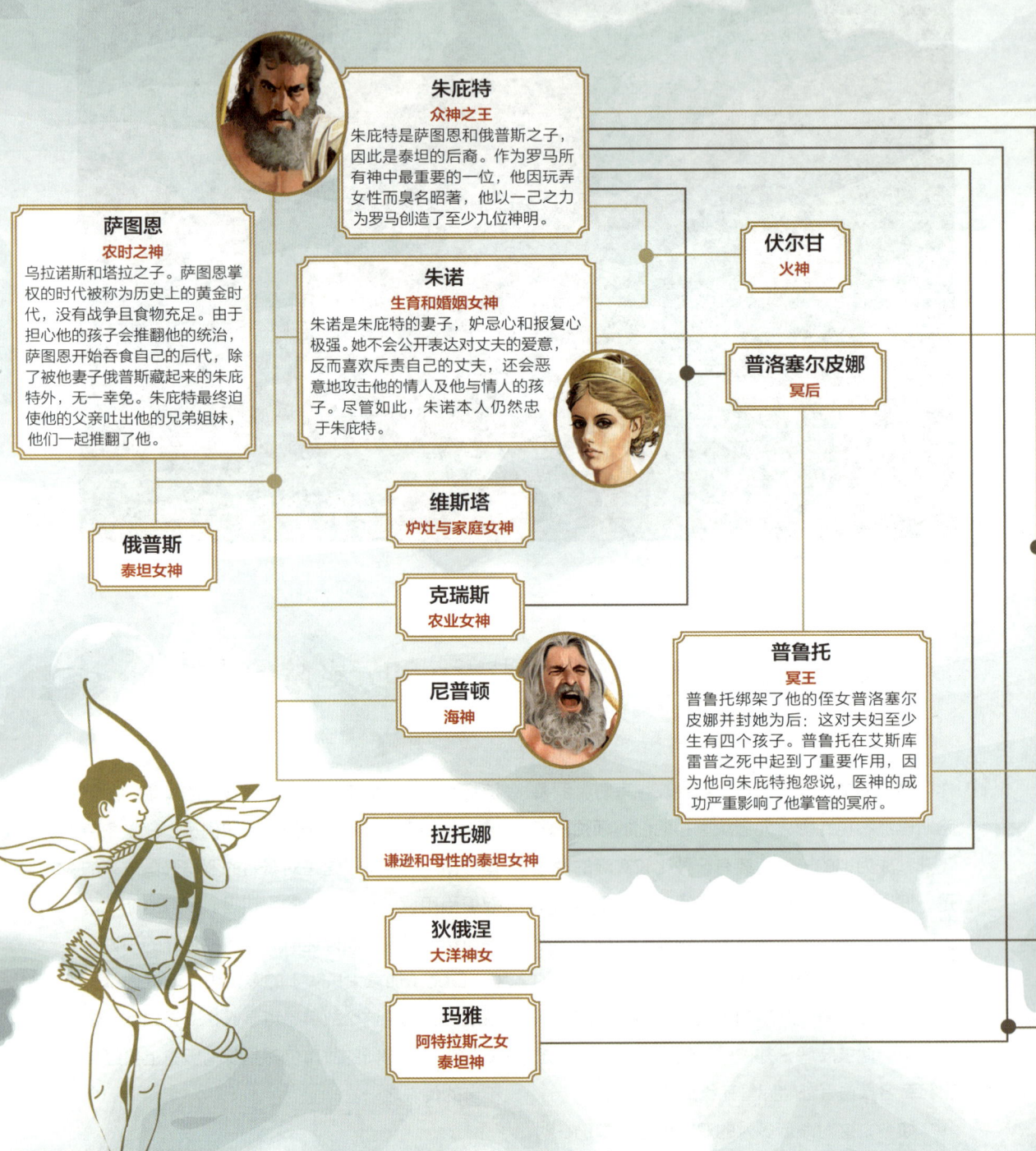

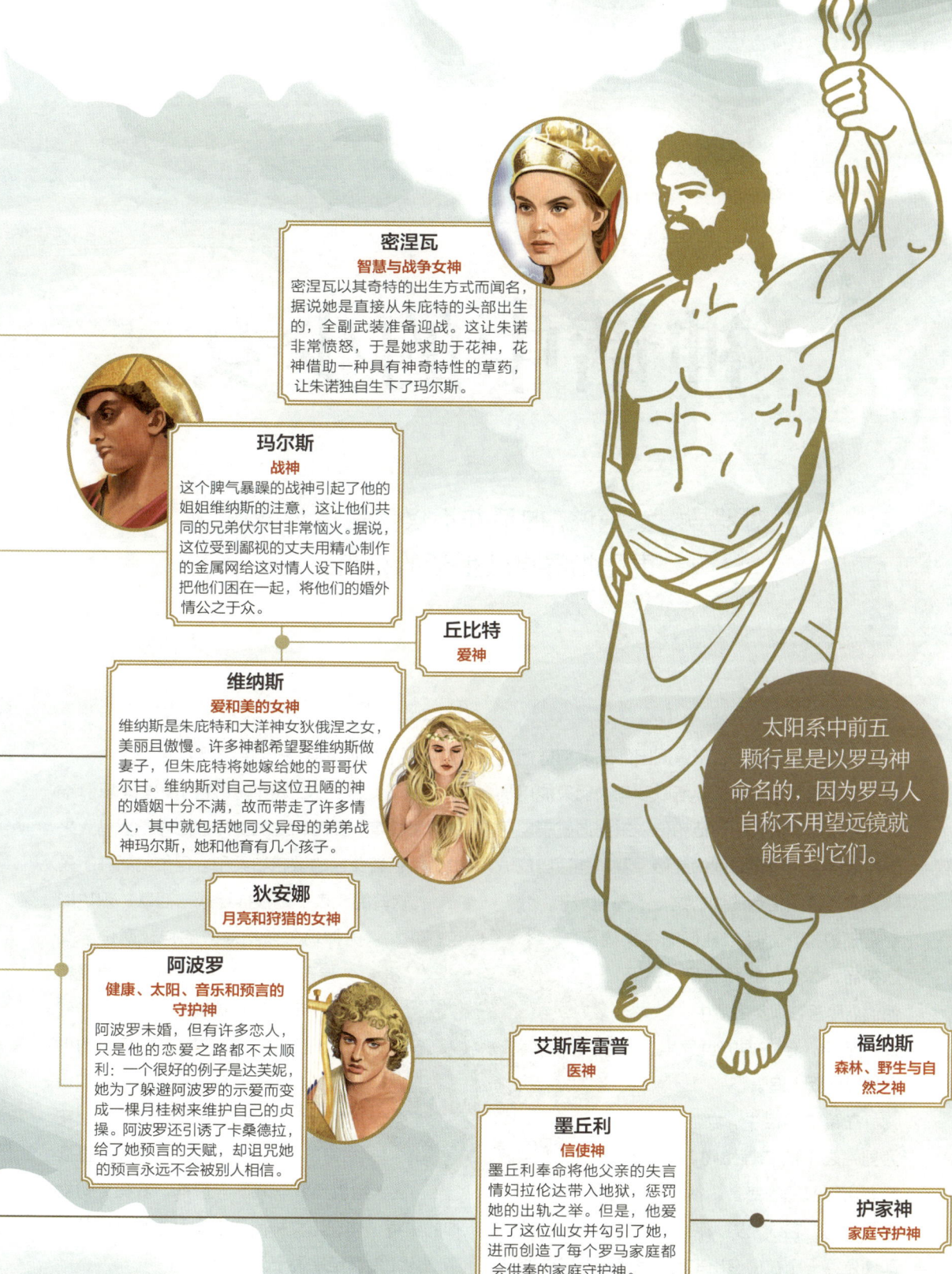

密涅瓦
智慧与战争女神
密涅瓦以其奇特的出生方式而闻名,据说她是直接从朱庇特的头部出生的,全副武装准备迎战。这让朱诺非常愤怒,于是她求助于花神,花神借助一种具有神奇特性的草药,让朱诺独自生下了玛尔斯。

玛尔斯
战神
这个脾气暴躁的战神引起了他的姐姐维纳斯的注意,这让他们共同的兄弟伏尔甘非常恼火。据说,这位受到鄙视的丈夫用精心制作的金属网给这对情人设下陷阱,把他们困在一起,将他们的婚外情公之于众。

丘比特
爱神

维纳斯
爱和美的女神
维纳斯是朱庇特和大洋神女狄俄涅之女,美丽且傲慢。许多神都希望娶维纳斯做妻子,但朱庇特将她嫁给她的哥哥伏尔甘。维纳斯对自己与这位丑陋的神的婚姻十分不满,故而带走了许多情人,其中就包括她同父异母的弟弟战神玛尔斯,她和他育有几个孩子。

狄安娜
月亮和狩猎的女神

阿波罗
健康、太阳、音乐和预言的守护神
阿波罗未婚,但有许多恋人,只是他的恋爱之路都不太顺利:一个很好的例子是达芙妮,她为了躲避阿波罗的示爱而变成一棵月桂树来维护自己的贞操。阿波罗还引诱了卡桑德拉,给了她预言的天赋,却诅咒她的预言永远不会被别人相信。

艾斯库雷普
医神

墨丘利
信使神
墨丘利奉命将他父亲的失言情妇拉伦达带入地狱,惩罚她的出轨之举。但是,他爱上了这位仙女并勾引了她,进而创造了每个罗马家庭都会供奉的家庭守护神。

福纳斯
森林、野生与自然之神

护家神
家庭守护神

> 太阳系中前五颗行星是以罗马神命名的,因为罗马人自称不用望远镜就能看到它们。

神话中的少女

对罗马妇女来说，神话并不仅仅是传说故事，
更是指导自己生活的指南。

罗马建立初期，它不像周围的国家那样拥有属于自己的历史和神话，所以罗马人民只能用从邻邦希腊那里借来的神话和传说来创造属于自己的神话系统。随着时间的推移，罗马神话自成一脉，成为帝国生活的中心之一。每座城市都有守护神，人民以他们的名义建造神庙，举行仪式和节日来供奉他们。尽管在现实生活中，男女并不平等，但在神的世界里，女神同样受人追崇。

在希腊神话中，女性被设定为男性之下的二等生物，甚至被喻为悲伤和邪恶的使者。然而，罗马神话却与之不同，它认为男人和女人之间没有区别——即使是第一个被创造出来的生物也没有特定的性别。罗马神话认为，男人和女人并不是完全相反的，他们也没有观念冲突，相反，为了国家的利益，他们必须团结在一起共同努力。

罗马女神代表了帝国女性的一些理想。维纳斯是生育、美丽和爱的女神。她对于罗马人来说，象征着女性的敏感和柔和。但维纳斯并不是软弱的代表，她被描绘成与活跃、炽热的男神玛尔斯相对应的神。两位男女神齐心协力，提供和谐、力量和稳定。通常情况下，战争女神密涅瓦会被描绘成哀悼死者的形象，而不是踩在敌人尸体上取得胜利的形象。天后朱诺是婚姻和生育的女神，因其掌管领域的重要性，她也是罗马城的守护神。罗马人对女神的崇拜，体现出女神所代表的女性特征对整个帝国的和谐稳定来说十分重要。

对于罗马的女性来说，这些女神以及神话传说中的其他女性形象是一种象征，象征着她们需

> 维纳斯的众多象征之一是桃金娘，它是一种被认为有强烈催情效果的花。

> 这些女神象征着罗马女性需要争取什么，也象征着她们需要避免什么。

维纳斯

简介 维纳斯也许是最著名的古典女神。她是爱与美的女神，人们在历史上用多种形式描绘与纪念她：古典艺术、现代艺术、歌剧、摇滚音乐、儿童动画片，甚至一个以她命名的星球。维纳斯很好地揭示出罗马神话在人类历史上留下了深刻的印迹。

▲ 和许多罗马神的来源一样，维纳斯的故事是从希腊的阿佛洛狄忒那里改编而来的

罗马神话中最具代表性的女性

罗马神话中充满了强大的偶像般的女性，她们在罗马社会中因各种特质而受到崇拜。

贝罗纳
战争女神贝罗纳经常被描绘成穿着军装、戴着头盔、挥舞着武器的女性形象。她的神庙是罗马元老院用于讨论对外战争的场所，也是他们宣布正式开战之地。

维纳斯
维纳斯是爱、美和生育的女神。在罗马神话中，她被认为是罗马人民的母亲，因此她也是罗马生活的中心人物。她十分受人尊敬，以至于尤利乌斯·恺撒自称是她的后裔。

朱诺
朱诺是众神之王朱庇特的妻子，是罗马妇女的保护神，同时她也被认为是罗马帝国的守护神。古罗马有许多与朱诺有关的节日，大多数由罗马妇女主持庆祝。

密涅瓦
密涅瓦是一位处女女神，也是朱庇特的女儿。她被尊为艺术、音乐、诗歌和智慧的女神。最终，密涅瓦的身份演变为战争女神，人们会在战斗前祭拜她。

狄安娜
狄安娜是狩猎女神、月亮女神和分娩女神，她也是一位处女女神，在古罗马声名远扬。她是最古老、最受崇拜的女神之一，她的历史几乎和罗马这座城市一样古老。狄安娜也是奴隶之神，那些下层阶级的人可以在她的神殿里寻求庇护。

要争取什么，也象征着她们需要避免什么。人们在城市里展示女神们的雕像，以她们的名义庆祝节日并反复传颂她们的故事，罗马妇女被反复告知，她们应该向这些女神学习。这些典范并不是虚无缥缈的，而是从罗马女性诞生的那一刻起就围绕在她们周围。

尽管古罗马妇女被视为公民，但她们对国家的贡献有限。她们不能执政，也不能投票。虽然有几位杰出的女性确实运用自己的智慧在幕后影响事态发展，但史书中并没有记载任何与罗马妇女有关的伟大细节。我们知道她们的名字，但她们却是以妻子、姐妹和女儿的身份而非自己个人身份存在的。对罗马妇女来说，她们的愿望是成为妻子和母亲，这种愿望在罗马生活和信仰的神话传说中体现得淋漓尽致。

也许最知名的关于妇女在罗马社会地位的神话就是抢夺萨宾妇女的故事。传说，当罗慕路斯建立罗马时，这座城市是强大和繁荣的，他们的军队可以轻而易举地击败外敌，因此他们并不害怕被外族侵略。

然而，罗马却面临着一场危机：城市内缺少女性。在未能与附近部落联姻后，罗慕路斯采取了一项十分极端的行动。他邀请了邻近的萨宾人进城来庆祝节日。当罗慕路斯发出信号后，罗马男子抓走了萨宾族的处女。罗马曾与萨宾人结成同盟，但显然萨宾人这次十分愤怒。这两个部落之间爆发了战争，已经成为罗马人妻子的萨宾族妇女是痛苦的。在一次战斗中，妇女们冲上前，站在两个部落之间，恳求他们停止战斗。她们的丈夫、兄弟和父亲被女人的话感动了，最终决定和解。

这不是一则警示故事，而是一个强调女性重要性的故事。她们团结了两个交战的部落，制止了流血冲突，并带来和平。这个故事向女人们强调了她们在结盟和壮大国家方面的重要性。这些

▲ 朱诺、朱庇特和密涅瓦是卡皮托林三合会的成员。在三人组中有两个女神和一个男神是很不寻常的

> 圣女负责在女神的祭坛上点燃圣火。

▲ 安格洛娜是一位鲜为人知的女神，她以减轻人们的痛苦和悲伤而闻名，被视为罗马的保护者

妇女被强行带走，但她们接受了自己的命运，接受了妻子和母亲的角色。这给当时每一个知道这个故事的年轻女孩传递了一个明确的信息：你的职责就是通过婚姻和联盟来帮助巩固罗马，你是团结两个强大家族的桥梁。尽管你们看起来是被动的，但你们的角色是非常重要的。

另一个强调女性作为妻子和母亲的重要性的传说体现在罗慕路斯和雷穆斯的故事中。孩子们被扔进台伯河后，一只母狼救了他们。母狼哺育双胞胎男孩的形象成为国家一个非常重要和核心的形象，并在雕像和硬币上得以呈现。罗慕路斯继续建立罗马这座城市，被人们誉为英雄，这只母狼虽然只是一个微不足道的小角色，但却被众人所敬仰崇拜。伴随着这个故事成长起来的罗马妇女每天势必都会受到母狼形象的影响，这个形象向她们传递这样一个信息：尽管你不会成为英雄，也不会成为领袖，但你在生育和照顾孩子方面所做出的贡献终有一天会使你成为英雄。这个故事赋予了女性创造生命的价值。

▲ 冥王普鲁托劫持普洛塞尔皮娜

▲ 贝罗纳是战神玛尔斯的配偶，他们经常一起工作和战斗

他们保守了自己的秘密,
以加强成员之间的联系。

罗马的密教

揭开罗马密教神秘且奇异的仪式。

罗马的许多宗教本质上是公开的。保持罗马与诸神的良好关系对该城居民来说至关重要，而这正是通过定期祭祀和维护无数神殿来实现的。但除此之外，那些渴望与神进一步接触的人结成团伙，秘密集会，进行可怕的自残，并进行仪式重演。这些被称为"神秘宗教"的高度神秘的社会团体从东方传入罗马，并在罗马盛行。

这些宗教信奉各种各样的神，它们通常承诺门下的信徒可获得来世幸福。神秘宗教允许个人直接参加礼拜仪式，仪式通常包括狂放的舞蹈和歌唱。这些仪式希望起到改革的作用，与更为严肃的公共宗教仪式大为不同。

信奉另一个众神之母玛格那玛特的密教是最早传入罗马的密教之一。公元前204年，在与迦太基人进行战争的黑暗时期中，罗马人发现了一个他们认为可以战胜敌人的关键预言。他们找出了这位众神之母的异教形象，并将其从佩尔加姆王国的艾达带回罗马。她的象征是一块神圣的石头，他们把它带回罗马，开启了供奉她的悠久传统。还有一些密教是从东方带回来的，比如将太阳神密特拉从波斯带回罗马。尽管长期以来，波斯一直是罗马的敌人，密特拉却在罗马成了一位

▲ 在这幅17世纪的画作中，玛格那玛特被四季之神供奉

希腊的厄琉西斯举行祭拜仪式。他们祭拜的是被绑架掠走的农业女神德墨忒尔之女普西芬尼（即罗马神话中的冥后普洛塞尔皮娜）。值得注意的是，只有入会的密教成员才可以参与这场宗教狂欢。

入会仪式

每个罗马密教的核心都是"秘源"，即一种严格保密的仪式或神学观点。人们要想了解这个"秘源"，就必须入会。这种行为完全是自愿的，没有人会被迫加入密教或参加其仪式。入会仪式的目的是通过一种强烈而难忘的体验，使入会者直接与神接触。这种入会仪式的体验不是为了解释什么，而是为了让成员亲身感受。随后，成员们将发生之事保密，以加强成员之间的联系。

在酒神教的入会仪式上，新成员会加入一群酒神崇拜者之中与他们在山上跳舞。他们中的大部分女人被称为酒神祭司。有些人可能会有秘密入会仪式，在这种情况下，他们可能会被迫禁食十天。然后举行一场盛宴，之后他们会在仪式上沐浴以作为一种净化方式。直到那时，他们才被允许进入酒神的神殿。

对于神秘女神伊西斯的追随者来说，他们的入会仪式与酒神教派类似。新的门徒洗澡，然后净化身体，禁食十天，随后开始持续多日的盛宴。入会仪式上，人们穿着仪式袍，观看神圣的象形文字。这位仁慈的女神对来世的承诺是吸引教徒的一部分原因。

在罗马帝国时期，对于那些希望参加在希腊进行的厄琉西斯密仪的人来说，新入会的成员被要求参加每年春天在厄琉西斯附近的雅典举行的小型神秘活动。这个入会仪式包括祭祀、净化、禁食和颂唱圣歌。

▲ 酒神教在罗马引起了丑闻，但这并没有阻止像马克·安东尼这样的人物成为该教的赞助人

十分受欢迎的神，罗马帝国的士兵、官员和商人尤其喜爱这位异国的神明。

公元前2世纪，从埃及传来了崇拜母神伊西斯的密教并在罗马风靡；从希腊人那里，罗马人知道了狄俄尼索斯，将其称为酒神巴克斯——农业和葡萄酒之神。不出所料的是，这个神秘宗教的祭拜仪式内容包括饮酒和跳舞，舒缓成员的精神并诱导他们进入一个迷幻恍惚的状态。另一个著名的密教是厄琉西斯密教，每年秋天成员们在大母神是一位代表女性生育能力的人物。侍奉玛格那玛特的男祭司加利是太监，他们通过阉割生殖器官加入密教中。这一极端行为的灵感来源于女神的情人阿提斯神，他也曾做过同样的事。与其他密教不同的是，密特拉教只允许男人参加他们的祭拜仪式。

仪式

大母神教以瑞亚、德墨忒尔等女神而闻名，其中最著名的就是弗里吉亚的伟大女神赛贝尔，罗马人把她的形象带到罗马。该教认为，她不仅是所有神的母亲，也是所有人类的母亲。在罗马，祭拜她的仪式维持了她和故乡小亚细亚之间的联系。她的神殿坐落在梵蒂冈山上，被称为佛里基安，她的密教领袖被称为佛里基安大祭司。为了纪念她，罗马每年都会举办一个为期七天的节日，庆祝内容包括竞技场的比赛，仪式包括舞蹈和音乐，以及长笛、钹、角和手鼓的演奏，祭司们表演一种狂喜的舞蹈时会用刀子割伤自己。他们流淌的血液象征性地确保了世界的繁殖力。

埃及女神伊西斯与这位大母神有许多共同之处，她们都被视为生命和生育之神。祭拜她可以保证参与者的来世幸福。这些祭拜仪式的主题是重演她丈夫奥西里斯的死亡和复生，这也象征着在春天大自然的重生。一个死去的人会被召唤回生者的领域，并说："振作起来：你不会死！""奥西里斯还活着！振作起来，不幸的人躺在那里！我是伊西斯！"就像伊西斯让奥西里斯复活一样，死去的祭拜者也会得到重生。

和玛格那玛特及伊西斯相同，德墨忒尔也是一位母神，厄琉西斯密教纪念她在希腊神话中寻找女儿普西芬尼的故事。普西芬尼被冥王掳走，囚禁在阴间。伤心欲绝的德墨忒尔四处寻找她。庄稼无法生长，瘟疫和死亡也在世上蔓延。事情变得糟糕透顶，逼得宙斯不得不干涉并确保普西芬尼的自由。但因为她在冥府时吃过石榴籽，所以她被迫用一年中的三分之一时间陪伴她的配偶。因此，普西芬尼在冥府之时就是她母亲悲伤欲绝之日。这个时候便是冬季，地球上万物萧索。随着春天的到来，德墨忒尔和她的女儿团聚，生机又重回人间。

▶ 密特拉屠牛像展示了密特拉（密特拉教的神祇）徒手杀死公牛的场景

◀ 大部分罗马神话源于希腊，罗马人将许多希腊的神、英雄和故事加以改造

一旦一个入会者被引入到一场小型神秘仪式中，他或她就会被允许参与到更重大的神秘仪式中去，这种转变会在几天的祭祀、净化和禁食中发生。如今，历史学家们仍旧不知这些神秘仪式的确切内容，毕竟这些神秘仪式是高度保密的，但它们大概包括音乐、舞蹈，以及对普西芬尼被绑架和重生的再现。仪式中最引人注目的部分似乎是参与者在最明亮的光线下看到的景象。

密特拉最初是一位与真理相关的神，也是拜火教之神阿胡拉·马自达的副官。传入罗马后，密特拉教发生了很大的改变，人们将密特拉视为救世主。她的祭礼与密特拉的起源神话相呼应，据说密特拉是从一块岩石中出生的。阿胡拉·马自达首先创造了一头野牛，密特拉与它搏斗并把它拖进一个洞穴。公牛奔逃，密特拉紧追不舍，并用匕首刺进它的喉咙将其刺杀。然后，公牛的鲜血奔涌而出，直至死亡。密特拉教教徒会在地下小教堂举行他们的礼拜会，他们称这个小教堂为洞穴，在那里分享酒食。密特拉教的宗旨是净化不朽的灵魂，使之在肉体死亡后回归光的国土。

镇压

密教受到广泛欢迎并拥有许多信徒，有一些皇帝甚至也加入了这些密教组织，尤其是多米提安（公元81—96年在位）和加里恩努斯（公元260—268年在位）两位皇帝，他们都是厄琉西斯密教的创始者。虽然密教如此风靡，但罗马人普遍不赞成它们。

一位罗马传统主义者——公元前1世纪的历史学家李维——痛恨地写道，在祭拜酒神的仪式中，"身着酒神礼服、头发蓬乱的女士，拿着燃烧的火把跑到台伯河，把火把插入水中，然后再把它们点燃——因为活硫黄与钙混合在一起。据说，当男人被捆绑起来并被带到隐蔽的洞穴中时，他们就被神绑架了"。李维似乎很担心这些神秘仪式成为男女成员之间发生性行为的借口。在某种程度上，极力主张保密会令不熟悉罗马社会的人产生焦虑。

公元312年，君士坦丁在基督教上帝的赐福下于米尔维亚桥上获胜，这使得他在第二年的米兰法令中将基督教定为合法宗教。随着4世纪的不断发展，基督徒的数量和权力逐步增大。由于基督教成为帝国最强大的宗教，作为密教一部分的异教徒的地位开始恶化。然而，密教仪式并没有很快消失。即使是在4世纪后半叶，罗马人也会自豪地承认，他们已经开始探索各种密教的奥秘。然而，在4世纪末，公元391年，皇帝狄奥多西一世禁止在罗马崇拜异教的神，也禁止参观异教的神殿。在接下来的一年里，他宣布所有异教徒的宗教活动都是非法的。

其他势力也在采取行动结束密教。公元395年，哥特人袭击并摧毁了德墨忒尔和普西芬尼的神殿。神殿再也没有得到修缮，至少在公元前6世纪时，那里的密教就已经消失了，但其他密教依旧苟延残喘了很多年。仍然有足够多的信徒认为圣奥古斯丁需要建立他的上帝之城来反驳罗马现存的异教徒提出的指控：对旧神的忽视是导致公元410年西哥特人洗劫罗马的原因。然而，大趋势是，随着古代世界的变化和中世纪的开始，密教逐渐消失在人们的视野中。

护身符和小饰物

无论在家里还是路上，罗马人在任何地方都会遇到他们的神。

罗马人的家庭受到守护灵的保护，这些守护灵被称为拉瑞斯。论起源，他们都是祖传的家灵，守护着后代的家庭。这些护家神是家庭宗教生活的中心。壁炉旁摆着一座神龛，里面有一尊圣灵的雕像，每天早晨都会向雕像祈祷。每逢佳节，人们都会向拉瑞斯供奉食物。人们认为拉瑞斯会在十字路口守望家人，因此，他们也被称为旅行者之神。

另一组守护灵被称为珀那忒斯，是保护罗马家庭食物储藏室的神，他全身心地守护着家庭。这种神灵据说是英雄埃涅阿斯从特洛伊带到罗马的，人们在家中的壁炉前敬拜他们，并点燃圣火表达敬意。在进餐时间，人们会把一部分食物供奉给珀那忒斯。除了护家神拉瑞斯和珀那忒斯，也有一些公众神灵在守护着罗马。

在某种程度上，极力主张保密会令不熟悉罗马社会的人产生焦虑。

▲ 艺术家对密特拉神庙内部的印象。注意仪式中使用的神龛和服装

▼ 这幅来自密教别墅的壁画可能描述的是西勒诺斯神和潘神参与了一场酒神教的入会仪式

▲ 这座密教别墅的长条横幅图画是世界现存罗马艺术品最好的作品之一

密教别墅

庞贝的密教别墅被灰烬掩埋了几个世纪,是一扇了解古代神秘崇拜的窗户。

崇拜酒神的密教在罗马和意大利的其他地方受到了极大的青睐。然而,我们很少能看到这些信徒是如何举行祭拜仪式的。所幸这幢密教别墅依然存在,但具有讽刺意味的是,它因维苏威火山喷发后被荒废而得以幸存。公元79年,意大利南部城市庞贝被火山灰完全掩埋,并被遗忘。直到18世纪这座城市被重新发现,它才得以重见天日。

别墅内有一个房间,墙壁上有彩绘的长条横幅图画,用华丽的色彩和非凡的细节描绘了祭拜酒神的仪式。这些可以说是现存的最著名的罗马绘画。在房间周围大约20米的范围内,这些壁画显示了一些人物形象,神约为正常人类大小,男人、女人和神话中的人都在祭拜酒神。

我们很难解释这些场景,因为它们的大部分情境已经丢失。在进入房间时,我们第一眼就能看到一幅有关酒神巴克斯和他的配偶阿里阿德涅的画,可惜这幅画已经损坏了。在一个场景中,丰满的西勒诺斯弹奏竖琴;在另一个场景中,年轻的潘神吹奏长笛。其中一个女人把头靠在另一个女人的膝上,一个有翅膀的女人用树枝拍打她。她们两个旁边有一个拿着钹跳舞的女人。房间内的壁画最有可能是在描绘一个年轻女子的入会仪式。

▲性虐待和谋杀的谣言使酒神教一度被宣布为非法宗教

罗马的军事实力

罗马军队通过战争扩展疆域

163	恺撒入侵不列颠
174	攻打罗马
184	三世纪危机
195	加泰罗尼亚平原之战
198	罗马帝国的最后一战

恺撒入侵不列颠

恺撒是罗马有史以来最伟大的军事指挥官，
但他从未征服过那个偏僻的欧洲角落。

公元前1世纪的不列颠只是一座位于所谓文明世界边缘的岛屿，那是一个黑暗、未知的地方。据说那里的居民是半兽且身涂蓝色颜料的野人，他们会进行人祭，把被屠杀的敌人的头挂在腰带上。对大多数罗马人来说，不列颠岛是一个噩梦般的阴暗之地。

但恺撒却不像大多数罗马人那样畏惧不列颠。公元前55年8月，这位罗马崛起的超级巨星在征服了高卢的大部分地区后，站在布伦岸边，凝视着英吉利海峡。天气晴朗时，人们可以从那里看到肯特的海岸。对这位杰出的指挥官来说，地平线上那片未知的土地拥有诱人的财富。毫无疑问，在那里登陆是十分危险的，他的情报人员努力地寻找可以提供情报的人，否则恺撒无从下手。但他是尤利乌斯·恺撒，他生来不凡，神灵也伴其左右，为他赐福。

恺撒为他的军团定下方针：切断他在高卢的手下败将从不列颠岛上获得任何援助的可能。但本质上，此举的真正原因十分简单：那就是他的贪婪。恺撒不仅渴望掠夺，更渴望冒险、知识、名声和权力。

8月23日上午，共1.2万名士兵乘坐98艘军舰，驶向海平面上的那个小点。当他和他的军队离得越来越近时，这个小点变得越来越亮，从海上升起，直到这群来自地中海的人发现了一道无法逾越的屏障——100米高的巨大白色悬崖。

恺撒命令舰队在多佛海峡抛锚，等待与他战无不胜的骑兵会合。他的部队在甲板上懒洋洋地漫步了数个小时，直到有人喊道——陆上有动静！士兵们站在那里，目瞪口呆地看着数千名身上涂着蓝色颜料的战士盘旋在他们头顶的峭壁上，锋利的矛尖在刺眼的阳光下闪闪发亮。

恺撒的掌权之路

公元前100年
恺撒出生在罗马的贫民窟中。尽管出身高贵，但他的家族早已失去了财富和权力。

公元前78年
恺撒服了六年兵役，表现良好。在追捕了绑架过他的海盗后，一举成名。

公元前65年
恺撒被选为市政官——一种由罗马公民投票而产生的高级政治职位。他借了很多钱去买选票。

公元前59年
恺撒与罗马首富克拉苏和最强大的军事领袖庞培签订了一项协议，以此确保他能够当选为执政官。

公元前58年
在担任了两年的罗马最高公选职位之后，恺撒入侵高卢。他想借此变得像克拉苏一样富有，像庞培一样强大。

第一次入侵

恺撒发现，入侵不列颠不仅意味着要与岛上的居民抗争，还要与岛上的天气做斗争。

公元前55年8月26日，恺撒下令罗马军队登陆不列颠领土。在多佛附近等了骑兵部队几个小时后，他决定不带他们，独自上岸。他命令舰队向东北方向前进，在6英里外找到一个合适的海滩停靠并把船抛锚。然而他不知道的是，不列颠人从罗马军队登陆的那一刻起就一直监视着恺撒，跟着他来到了海岸线。

恺撒现在可以近距离地观察他的敌人了。尽管这些不列颠人经常被错误地描述为凯尔特人，但他们与高卢人这样的印欧部落并没有血缘关系。他们是一个土著民族，从生物遗传学的角度上来说与西班牙北部的巴斯克人有传承关系。他们比罗马人高出一头，穿得很少，用蓝色战漆涂抹自己的身体，这种战漆可能是用植物菘蓝制成的，但更可能是氧化铜。他们有的骑马，有的乘灵巧的战车，其余的步行。不过，这些人都是来打仗的。

当罗马人试图下船时，部落居民很好地利用了迪尔海滩上的石头。弹弓是他们的主要狩猎武器，当恺撒的军团在战壕边上挣扎时，石头如雨点般落在他们身上。

恺撒下令进行炮击。弓箭手逼退了守城的投手，通往岸边的路畅通了，但罗马军队被陆地上的敌人吓坏了，始终畏缩不前。在这紧要关头，一名旗手跳入水中大喊："冲啊，不要让敌人从我们的手中夺走鹰旗。"对一名罗马士兵来说，团旗代表着军人的骄傲，损失团旗则是一种极大的耻辱。所以，军团跟着旗手冲锋前进。他们一上岸就用棍棒、长矛和刀剑进行战斗。很快罗马人就控制了滩头，但依然无法排成整列军团，所有人都处于混战状态。

建立滩头阵地后，恺撒开始建造营地。因为他的骑兵部队依旧没有抵达，所以他的行动十分受限。他的500名骑兵本应在当天早晨起航，却被潮水围困。他们要花费四天的时间穿过大洋，但狂风突至，他们被迫返回高卢，恶劣的天气还摧毁了许多停靠在岸边的船只。恺撒被困住了。由于缺乏修理船只的补给，罗马人冒险到内陆去觅食。这是一项十分致命的行动。这些人不断遭到敌人的伏击，全军覆灭。

接下来的三周一直下着大雨，在这些来自地中海的入侵者拼命修补船只时，他们的意志也被逐渐摧毁。天气转晴时，他们的援军到了。恺撒写道："一场战斗接踵而至，敌人无法长期抵抗我们的进攻，转身逃走了。"古不列颠人不识字，因此我们早已无法考究他们对事件的看法。我们无法断定恺撒的叙述是否属实。我们只知道，第二天早上，他率领军队回到了高卢。

前桅
用亚麻做的小帆可以为船提供部分动力。

撞角
在海战中，它是攻击其他船只的武器。

古不列颠人

恺撒遇到的野蛮、半裸的人似乎是蛮人，但他们的武士社会体系却异常复杂。

▲ 这件青铜饰品是在公元前1世纪的米德尔塞克斯打造的。它塑造的是一头野猪的形象——一种大多数古不列颠人都会食用的动物

"凯尔特人"一词在18世纪首次被用来描述罗马时代之前的不列颠人，此后在流行文化中一直被错用。铁器时代的不列颠群岛居民根本不是凯尔特人，而是土著人——凯尔特人是所谓的野蛮部落，统治着欧洲大陆的大部分地区。尽管罗马大陆上流传着关于他们的恐怖故事，但他们并不是未开化的野蛮人。

古不列颠拥有一片富饶的土地，那里矿产资源丰富，采矿业和农业遍布乡村。巨大的高地堡垒矗立在这片土地上，俯瞰着犁得整整齐齐的田地。在梯田栅栏后面，一座座由街道、礼拜场所、锻造厂和作坊组成的雏形城镇如雨后春笋般涌现。在作坊中可以制作精妙的金属制品，它们不仅包括剑和矛，还包括复杂的装饰珠宝、狩猎角和镜子。

从现代意义上讲，古不列颠并不算是一个国家。岛上居住着大约27个种族不同且经常交战的部落群体，从苏格兰高地的迦勒底人到恺撒遇到的肯特的坎蒂亚奇人，每个部落都由一位英勇的国王或王后领导。

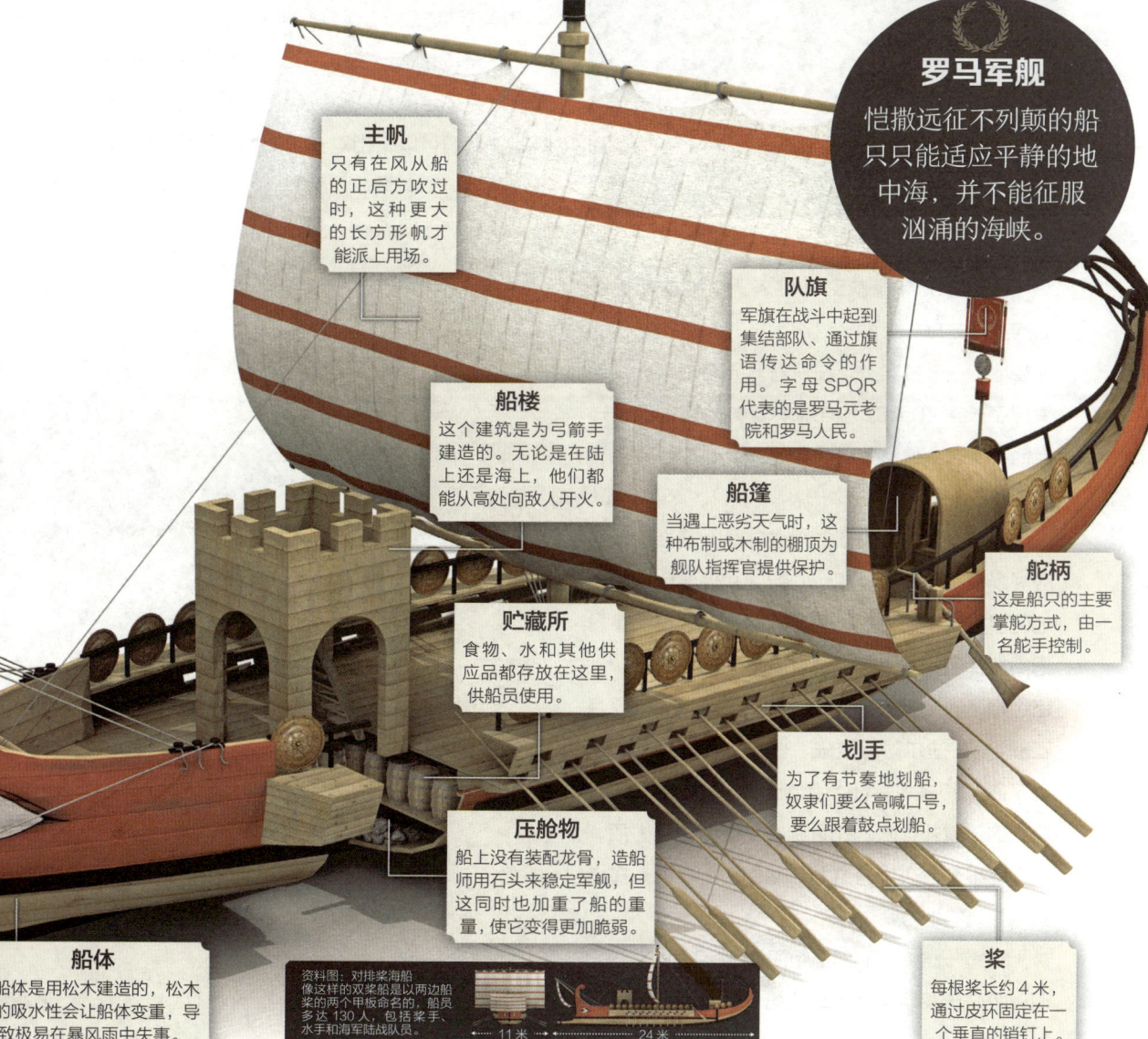

罗马军舰

恺撒远征不列颠的船只只能适应平静的地中海，并不能征服汹涌的海峡。

主帆
只有在风从船的正后方吹过时，这种更大的长方形帆才能派上用场。

船楼
这个建筑是为弓箭手建造的。无论是在陆上还是海上，他们都能从高处向敌人开火。

队旗
军旗在战斗中起到集结部队、通过旗语传达命令的作用。字母 SPQR 代表的是罗马元老院和罗马人民。

船篷
当遇上恶劣天气时，这种布制或木制的棚顶为舰队指挥官提供保护。

舵柄
这是船只的主要掌舵方式，由一名舵手控制。

贮藏所
食物、水和其他供应品都存放在这里，供船员使用。

划手
为了有节奏地划船，奴隶们要么高喊口号，要么跟着鼓点划船。

压舱物
船上没有装配龙骨，造船师用石头来稳定军舰，但这同时也加重了船的重量，使它变得更加脆弱。

船体
船体是用松木建造的，松木的吸水性会让船体变重，导致极易在暴风雨中失事。

桨
每根桨长约4米，通过皮环固定在一个垂直的销钉上。

资料图：对排桨海船
像这样的双桨船是以两边船桨的两个甲板命名的，船员多达130人，包括桨手、水手和海军陆战队员。

11米　24米

第二次入侵

恺撒为第一次不列颠之行付出了高昂的代价,但他明白,无论是为了罗马还是为了他自己,他都需要征服这片土地。

在今天的坎特伯雷附近发生了短暂的小规模冲突后,不列颠人逃到附近的一座堡垒中,随后罗马人向其发动进攻。

堡垒周围有一条防御沟,军团用"龟甲"阵形攻克了这条沟。通过建造一道全方位的防护盾墙,他们可以在相对安全的情况下施工,在沟渠上建造一个斜坡。最后罗马人攻破了堡垒的城墙,成功攻占据点。

公元前55年—前54年的冬天,恺撒反思了他的英国之旅。当然,这次远征并没有损害他的名誉地位——事实上,在罗马,元老院破天荒地举行了长达20天的谢神祭来表彰他的功绩——但他不是一个愿意接受失败的人。他决心卷土重来,拿下不列颠。

他下令建立一支新的入侵部队,建造与以往战舰规格不同的新战舰。"新的战舰要比地中海地区惯常使用的战舰吃水浅一些,"他在军事日记中解释道,"这样战舰才能顺利地停靠。"他还组建了一支规模更大的军队。公元前54年7月7日,他在迪尔附近登陆,他的800艘舰队共出动了25000多名军团士兵、2000名骑兵和一列庞大的辎重补给队。在看到如此雄厚的兵力后,岸上的不列颠人没有试图与他们对抗,而是撤退到了更高的地方。

恺撒一路追赶他们至距海岸12英里的斯托尔河,第二天黎明,他的军队第一次与敌人交锋。

然而，恺撒还没来得及乘胜追击，就又一次受到了天气的诅咒。一场反常的夏季风暴在海峡中轰隆作响，当他的主力部队返回时，大部分船只受损，有40艘彻底损坏。

恺撒命令将剩下的船靠岸。然后在他们周围建造一座巨大的堡垒，以便他们能在安全的情况下休养生息。这是一项艰巨的任务，但恺撒的士兵只用了十天就完成了。在那个时候，不列颠岛上的部落做了一件他们从未做过的事情——联合起来对付一个共同的敌人。他们选择了统治泰晤士河以北卡图韦拉尼部落的领袖卡西维拉努斯作为首领。卡西维拉努斯曾击败了特里诺文特部

▲ 人们普遍认为维京人戴着角头盔，但这只是一个神话传说。事实上，一些公元前1世纪的古不列颠人才是这种形象

▼ 罗马人在战场上采用了"龟甲"阵形，显示了他们战术的独创性和巧妙

罗马人 VS 古不列颠人

领导者
恺撒
兵力
27000 多人
关键部队
古罗马军团
训练有素、装备精良的军团必须具备足够的体能，他们需要每天行进 20 英里，并且需要游泳技能。他们也是非常熟练的战争工程师和船夫。
关键武器
格拉迪斯短剑
一种理想的武器，用于近距离砍刺，在各司其职的队伍中位于盾牌之后战斗。长 85 厘米，由钢锻造而成。

领导者
卡西维拉努斯
兵力
未知，但可能有上万人
关键部队
战士
有关这些战士的唯一描述来自罗马人。罗马人把他们描述为鲁莽的野蛮人。而他们的战术和技术——例如，他们的硫酸铜战漆具有防腐的特性——则表明事实并非如此。
关键武器
矛
这些矛长 2.5 米，生产者将其设计成可单手使用，让战士能在盾牌后面战斗。战士通常用矛从上至下刺向敌人。

落，是不列颠人中最骁勇善战的统帅。他的军队在斯托尔河迎战恺撒。

在这里，罗马人目睹了不列颠战士的一个独特战术。车夫用两匹快马拉着轻型战车，快速将一名士兵送上战场。他从战车后面向罗马军队扔投枪，然后下马用剑或矛近距离作战。如果士兵累了，或者不知下一步指令，他可以回到战车上，然后被加速带到安全的地方。这与现代军队使用装甲运兵车的方式大同小异，进一步向罗马人证明了这些不列颠人不仅仅是"野蛮人"。

这场战斗是艰苦的，但卡西维拉努斯并不是罗马最伟大的战术家或世界上最好的战争机器的对手。他的部队最终不堪重负，被迫撤退。当他被追击时，他转而采取游击战术，摧毁罗马军队的食物来源，设置陷阱。然而，他的军队发生了内讧。随着死亡人数的增多，一个又一个部落投靠罗马，当恺撒越过泰晤士河时，他知道了卡西维拉努斯秘密据点的位置。

当恺撒准备围攻卡西维拉努斯在维鲁拉米乌姆的要塞时，这位不列颠枭雄进行了最后一次赌博。他下令袭击德勒附近海滩上的罗马人营地。这是一个灵光乍现但注定失败的决策。当卡西维拉努斯接到失败的消息后，这个精明的将士别无选择，只能投降。看来，不列颠已是恺撒的囊中之物了，然而，众神却跟他开了个玩笑。

恺撒的著作

《高卢战记》是恺撒在创造历史的时候撰写的。在书中,他记录了自己对不列颠的印象。

地理
这座岛是三角形的,其中有一边与高卢相对,有500英里长。另一边朝向西班牙和西方,有700英里长。第三面朝北,有800英里长。这座岛的周长约为2000英里。

人
所有的不列颠人都把自己染成蓝色,在战斗中显得十分可怕。他们留着长长的头发,除了头发和唇须,身体每个部位的毛发都剃光了。

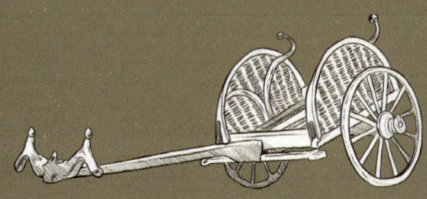

战士
他们与战车相配合的作战方式是这样的:他们从四面八方驶来,挥舞武器击溃敌人的队伍,然后从战车上跳下来步行作战。与此同时,驾驶者退出战场,这样一来,如果士兵被制服,他们就可以随时撤退。

技术
他们有船,船的龙骨是用轻质木材做成的,其余的船体是用柳条做成的,上面覆盖着遮蔽物。

资源
这里有很多牛。他们用一定重量的铜环或铁环作为货币。米德兰地区生产锡,地中海产铁,但锡的数量很少,他们多使用进口黄铜。

宗教
人们认为德鲁伊教起源于不列颠,并在那里被引入高卢。现在那些希望精准了解它的人,为了学习它,通常会尝试将其复原。

▲ 恺撒被包括他的老盟友布鲁图斯在内的罗马议员所杀，他被捅了至少23刀

余波

恺撒的两次侵略几乎一无所获，
但他留下的制度为罗马的振兴铺平了道路。

当恺撒还在和不列颠的领袖卡西维拉努斯纠缠的时候，亲信传来高卢海峡对岸有麻烦的消息。随着这位伟大的征服者为了征服不列颠而离开高卢，高卢人抓住机会站起来反抗他们的罗马霸主。

恺撒不能再耗在这里了。他或许可以击败不列颠的南方部落，但这并不能保证更远的西部或北部地区会接受罗马作为他们的新统治者。他并不想陷入代价高昂的游击战中。当时已经是9月初，嗅着富有秋天气息的空气，恺撒开始计划趁天气良好时返回大陆。

他与卡西维拉努斯达成的和平协议是在仓促间起草的，条约十分慷慨。曼德拉修斯是最早投靠恺撒的不列颠部落领袖之一。他的父亲曾是卡西维拉努斯击败的特里诺文特部落的国王，卡西维拉努斯在此过程中夺取了特里诺文特的土地。此时，曼德拉修斯被任命为特里诺文特人的首领，他的土地被归还，卡西维拉努斯被下了相当于古代时期的限制令。恺撒还要求战败的不列颠人交出人质充当奴隶，并要求南部部落每年向罗马缴纳固定的贡品。最后，恺撒回到船上，从此便再也没有踏足过不列颠。

不过，他留下的遗产将永垂不朽。他在英格兰南部和东部留下了一系列的国王盟友。这些"弦上之王"，包括卡西维拉努斯和曼德拉修斯，以及他们统治的地盘，从诺福克、埃塞克斯和肯特到苏塞克斯、汉普郡和伯克希尔，都被认为与罗马"结盟"。

然而事实上，这些不列颠部落承诺的贡品可能从来都没有兑现过，尽管罗马宣传家声称它们是罗马帝国的一部分，但事实并非如此。回到罗马之后，人们很快意识到不列颠不会上缴他们梦寐以求的贡品：除了奴隶，他们没有得到白银，也没有得到任何战利品。然而，这些探险活动给恺撒带来了巨大且极受欢迎的公众关注，罗马全国各地的民众都在传播战车和野蛮人用菘蓝把自己身体涂蓝的故事。对他们而言，这场战争是一次胜利，尽管实际成果并不明显。

▲ 万神殿建于2000多年前，现在仍然矗立在罗马市中心。那里曾有一座供奉恺撒为神的雕像

恺撒的遗产

尽管距离他谋划提升自己在罗马的政治地位的时间已超过了2000年，但尤利乌斯·恺撒这个名字从未消失于历史长河之中。

恺撒在回到高卢后，又发动了长达两年的战争，然后他回到罗马，在一场血腥的四年内战之后，同样将其征服。然而，他在加冕为帝之前被一帮议员刺杀了，他们渴望把罗马从他暴虐的统治中解放出来。

但对罗马人民来说，恺撒不是暴君。这场刺杀引发了进一步的内战。最后，恺撒的儿子屋大维加冕为帝，结束了罗马的共和国之旅，迎来了长达400年的帝国王朝。

在恺撒活着的时候，他永远都不是罗马人的皇帝，但在他死后，人民把他当作神来纪念，并在万神殿里为他建造了一座雕像。

▲ 恺撒的半身像是他有生之年唯一留存下来的肖像。这是我们最直观感受他样貌的方式

攻打罗马

公元前2世纪，罗马十分强盛，但有一个人几乎使这个帝国屈服。

汉尼拔·巴卡
公元前247—公元前182年
迦太基

简介 汉尼拔·巴卡9岁就上了战场，26岁就当上将军。他向罗马发动战争，带领军队从西班牙穿过阿尔卑斯山到达意大利，赢得了许多战役，直到公元前202年在扎马与他的对手相会。公元前182年，他选择自杀而不是被罗马所俘。

历史充满了史诗般的旅程，但都不能与汉尼拔在公元前218年所进行的旅程相比。汉尼拔从西班牙出发，率领8万多人的军队和30头战象穿过比利牛斯山和高卢，越过阿尔卑斯山进入意大利。在这场冒险之初，这似乎是一项艰巨的任务，但汉尼拔并不是一个缺乏自信的人。这位迦太基将军出身于一个著名的军事世家，对罗马帝国的抵抗达到了一个新的高度。汉尼拔考虑如何保护自己的人民的同时，决定继续进攻，并取得惊人的成功，以至于他几乎彻底摧毁了强大的罗马军队。得益于冷静的头脑和精密的计算，他的功绩使他成为有史以来最伟大的军事战略家之一。对于罗马人来说，要是有人想最终击败他，就必须具备同样非凡的军事头脑，这个人就是普布利乌斯·科尔内利乌斯·西庇阿·阿非利加努斯。

汉尼拔出生于公元前247年，此时的迦太基

> 目前人们还不完全清楚汉尼拔的大象是从哪里来的，也不清楚大象的品种。

汉尼拔的史诗之旅

04 比利牛斯山脉
公元前 218 年 5 月
汉尼拔带着大约 8 万多人的军队和 30 头大象从卡塔赫纳出发,在接下来的两个月里,他与伊利贝里斯部落、巴古西部落、阿罗诺西部落和安多西部落对峙并将其击败。他打败了沿途许多定居点的驻军,这些定居点包括塔拉科、巴奇诺、格伦达、伊波利亚和伊利贝里斯。

03 在迦太基休息
更早—公元前 218 年
接下来的一个冬天,汉尼拔回到新迦太基,让他的部队休整了一段时间,为今后艰苦的征程提振士气。他让他的兄弟哈斯德鲁·巴尔回迦太基伊比利亚,防止罗马人的袭击,他则继续前进。

02 包围萨贡图姆
公元前 219—公元前 218 年
萨贡图姆在几年前归附于罗马的保护之下。罗马警告汉尼拔远离萨贡图姆,但汉尼拔把萨贡图姆当作一个挑战。这场围困持续了八个月,最后萨贡图姆化为一片废墟,汉尼拔把当地居民当成奴隶变卖。

01 从迦太基出发
公元前 219 年春天
因为罗马人近年来大幅提高海军战力,汉尼拔大军只能通过陆路进军到达意大利。这场长途跋涉也为军队提供了沿途收集粮食,并在途中与小邦作战的机会。

法国 阿尔卑斯山 西班牙

鲁西诺(佩皮尼昂) 马西利亚(马赛) 伊利贝里斯(埃尔讷) 阿尔卑斯山 萨贡图姆(萨贡图) 新迦太基(卡塔赫纳)

简介 西庇阿
罗马,公元前 236 年—公元前 183 年

年轻的普布利乌斯·西庇阿是一位罗马将军和政治家,在扎马战役中击败汉尼拔后,他获得了"阿非利加征服者"的称号。年仅 17 岁的他在提契诺战役中表现出众,24 岁时主动请缨在西班牙和北非领导罗马军队。在第二次布匿战争胜利后,他凯旋罗马,但他的政治生涯因被指控腐败而受到影响。

是地中海地区中最伟大的国家。迦太基人就是腓尼基人,腓尼基人从公元前 11 世纪和公元前 10 世纪开始在北非和西班牙南部定居。迦太基建于公元前 9 世纪,但公元前 241 年,在经过长达 23 年的第一次布匿战争后,它受到罗马人的重创,并被赶出以前由迦太基控制的西西里西部。

领导迦太基人对抗罗马的是汉尼拔的父亲哈米尔卡,他姓"巴卡",意思是"闪电"。汉尼拔没有辜负这个名字,被罗马的弗洛鲁斯比作:"一道闪电,它从阿尔卑斯山中突然袭击,像一枚从天上飞来的炮弹一样,从那些高得惊人的雪山上飞向意大利!"由于元老院不允许他继续战斗,哈米尔卡在接下来的几年里重建了迦太基的军事和经济基础。公元前 238 年,掠夺西班牙银矿一事让汉尼拔正式进入大众视野。

汉尼拔恳求与他的父亲一同前去战斗,哈米尔卡答应了,并让他的儿子发誓永远与罗马人为敌。于是,汉尼拔在他 9 岁的时候就上了战场,他几乎一辈子都待在军队中。他和军人们一起吃喝玩乐,看着父亲管理军队,从小就积累了

05 罗纳河
公元前 218 年 9 月
相较于在比利牛斯山遭受的激烈反抗,他向罗纳河进军的过程基本平安无事。在横渡罗纳河的激烈战斗之前,反对派主要通过外交手段而非武力侵略来对付高卢部落的伏尔卡人。

06 阿尔卑斯山
公元前 218 年 10 月
汉尼拔在越过罗纳河之后,立即冒着冬天即将到来的危险开始攀登阿尔卑斯山,没有给罗马人在春天筹备战争的机会。最终只有两万步兵和 6000 骑兵成功翻过山脉。

▼ 汉尼拔和他的部队翻越阿尔卑斯山

意大利

- 费苏里(菲索莱)
- 亚雷提恩(阿雷佐)
- 罗马

07 挺进意大利
公元前 218 年 11 月
汉尼拔出人意料地来到罗马人面前:毫无准备的罗马人一直期待着在伊比利亚与汉尼拔作战。尽管汉尼拔军队的战士已经所剩无几,但他还是果断宣战,在波谷、提契努斯、伦巴第和特雷比亚河的战斗中火速取得胜利。

宝贵的军事经验,很快就晋升为骑兵。公元前 224 年,汉尼拔掌管骑兵部队,这时的他只有 23 岁。三年后,哈米尔卡阵亡,汉尼拔取代父亲成为将军,得到那些了解、信任和尊敬他的士兵的支持。

公元前 218 年,第二次布匿战争拉开序幕,汉尼拔继续父亲未竟的事业,在西班牙各地扩大迦太基势力。与罗马间爆发的主要战斗集中在西班牙萨贡图姆市,该市受到罗马的庇护。萨贡图姆市居民十分担心当地的敌对势力以及内部派系

▲ 汉尼拔发誓永远与罗马人为敌

汉尼拔为什么要发动战争？

汉尼拔发动战争的目的主要是抵抗并反击罗马人。汉尼拔来自突尼斯北部的迦太基，迦太基建立于公元前9世纪，在汉尼拔出生时是地中海最伟大的帝国之一，自身实力强劲。然而，迦太基在第一次布匿战争中元气大伤，被赶出了西西里岛西部，西西里岛曾是他们的地盘，但现在输给了罗马人。迦太基并没有输掉第一次布匿战争，但也没有赢得这场战争，汉尼拔的父亲哈米尔卡·巴卡对迦太基元老院不允许他继续战斗而感到愤怒。第二次布匿战争由汉尼拔指挥，这场战争也是巴卡的未竟事业。他很乐意征服，但他不会被征服。

间的争斗。罗马不怎么重视他们，他们与帝国之间也没什么联系。当汉尼拔开始将他在西班牙的迦太基根据地向外迁移，向西方和东北部扩张时，情况发生了变化。愤怒的罗马人拜访汉尼拔，警告他远离萨贡图姆。然而汉尼拔却将其视为一个挑战，把这座城市置于漫长的包围之中。罗马人对此反应非常迟缓，当他们向迦太基元老院提出抗议并向萨贡图姆提供援助时，汉尼拔已经拿下了这座城市。现在这座城市非他莫属。

占领萨贡图姆后，大胆的迦太基领袖清晰地意识到，罗马军队的力量，特别是庞大军队的人数，源自意大利人民。为了扼杀这一源头，汉尼拔必须向意大利承诺，意大利会摆脱罗马的压迫。实际上，要做到这一点，汉尼拔需要入侵意大利，因为在西班牙和北非，遥远的布匿胜利的流言不足以左右意大利人对他霸业的看法。问题是，汉尼拔和他的军队不能通过海路到达意大利，因为罗马在海军中占主导地位。他唯一可行的选择是走陆路，沿途收集粮食，尽可能地掠夺、屠杀小城市和部落，以确保战斗力和充分的战斗效率。他们到达阿尔卑斯山之前，这已是一段痛苦的旅程，之后他们将在一年中最糟糕的时候翻越阿尔卑斯山。但这会让那些准备在西班牙袭击汉尼拔的罗马人感到困惑，因为他们没有意识到，就在同一时刻，汉尼拔正朝着相反的方向前进，他正试图从根本上打击伟大的罗马帝国。

公元前218年春天，军队在萨贡图姆之战休整了一冬后，汉尼拔带着他的8万人出发，打败了几个部落，并在沿途多个城市修建要塞。撇开这些短暂的小冲突不谈，这段旅程基本上平安无事，直到迦太基人到达罗纳河的河岸，受到来自高卢部落原罗马人伏尔卡人的激烈反抗。汉尼拔在家乡外的第一场重大战役是他战术天才的早期证据。汉尼拔完全预料到了自己所面临的阻力，于是派一支分遣队到上游从另一个地方穿过河岸，绕到伏尔卡人的身后。当汉尼拔率领他的主力部队过河时，伏尔卡人的进攻如期而至，全力阻止他过河，但当汉尼拔的秘密分遣队从他们的后方进攻时，他们措手不及。准备工作是复杂的，但胜利是决定性的，所以这场战斗只持续了几分钟就以汉尼拔获胜而告终。

在罗纳河战役后的一天，汉尼

> 弗洛鲁斯把汉尼拔比作一道闪电，它从阿尔卑斯山中突然袭击。

▲ 古代迦太基港口

由于罗马增强了海军力量,汉尼拔和他的部队无法利用海路到达意大利。陆路成了他的唯一选择。

拔开始向阿尔卑斯山进发,他知道,军队必须在灾难性的冬季来临之前迅速翻过阿尔卑斯山。迦太基人经过高卢的阿洛布罗基异族部落,开始登山,他们有条不紊地攀爬,同时定期打击原始人的反击行动。到公元前218年10月底,汉尼拔的兵力减少到了2万步兵和6000骑兵,许多战象死亡。不断恶化的天气、漫长的战役和持续不断的战斗给迦太基军队造成了不小的损失。当他们开始下山前往意大利,发现道路被山体滑坡阻断时,军队的士气大跌。汉尼拔花费大量时间绕道走之后,被迫后撤回来修路,直到它可以让其余生病的大象通过。

精疲力竭的迦太基人终于在12月抵达了意大利,汉尼拔对军队的部署再次证明了他非凡的军事才能。在特雷比亚战役中,罗马人向他发起冲锋,虽然寡不敌众,但他巧妙地利用了地形。汉尼拔发现一块平坦的土地上有一条隐蔽的水道穿过,他率军冲向罗马营地,激怒罗马人,以至于罗马人在毫无准备的情况下奋起反抗。同时,罗马人也对迦太基人穿过冰冷的河流进入陌生之地的举动表示惊讶。罗马人和他们的高等步兵一起反抗,最初,他们似乎战胜了人员稀少的敌人,但是汉尼拔把一些士兵藏在水里,然后像在罗纳河一样,绕到敌人后方,从各个角度向罗马人发动攻击。汉尼拔还巧妙地让骑兵与罗马人对峙,让散兵从另一边发动进攻。罗马人因缺乏机动性被迅速击溃,罗马人伤亡3.2万人,而汉尼拔只损伤了5000人。随后,汉尼拔继续前进。

这位迦太基将军在第二年的特拉西美诺湖战役中使用了类似的战术。罗马人在那里追击他们误以为的汉尼拔逃兵,进入了一个靠近湖岸的山谷,结果发现迦太基士兵正在上面的山坡上默默等待。罗马人被地形困住了,一些人被逼入湖中淹死,而另一些人只能站在原地战斗,直到被砍死。公元前216年春天的坎尼会战是汉尼拔的又一个决定性胜利。

坎尼会战是有史以来最完美的战役之一,亦是未来将领们效仿的经典案例。罗马人带了双倍的士兵参战,人数约为7万人。尽管有来自意大利北部的高卢人增援,汉尼拔的军队仍然"只有"5万人,但他这次最主要的战术就是埋伏,而非利用地形。相反,他拉开了一个双层包围圈:他较弱的部队再次抓住敌人的侧翼,然后从两边杀入包围圈。

汉尼拔在罗马人面前把战线拉长成新月形,把敌人引诱进来。进入这个阵形后,罗马人基本上被侧翼包围,随后迦太基骑兵从后方进攻。尽管罗马人的人数大大超过了迦太基人,但他们插翅难逃。在这场战斗中,每分钟有大约100人丧生,最终,共5万名罗马士兵和1.2万迦太基人战死。

当然,西庇阿是罗马的幸存者之一,就像他在早期的特雷比亚战役和提契诺战役中幸存下来一样。此战,汉尼拔大获成功,罗马失去了1/5的军队,即将投降。但西庇阿被这一消息激怒了,他冲进元老院,在宣誓仪式上迫使在场的人发誓战斗到底。

在坎尼会战之后,汉尼拔认为罗马绝对会投降并签署协议,但罗马拒绝了,汉尼拔感到十分困惑。当时汉尼拔的设想是,他向罗马进军,迫使罗马屈服。但在阿尔卑斯山和随后的战斗中失败后,他没有足够的军队以确保战术灵活性,也没有足够的军队进行围攻,这就意味着他的军队要在一个地方长期储备物资。汉尼拔一次又一次地证明了他可以在战斗中战胜罗马军队,但他也被罗马人的顽固所难倒。令人难以置信的是,这场对峙让汉尼拔在坎尼会战结束后的14年里一直在意大利漂泊。在此期间,他的军队在意大利打了22场主要战役,并赢了其中大部分(至少没有输掉一场)。即便如此,罗马仍然坚定地与他抗衡,所以汉尼拔的胜利实际上给他带来了许多不便,因为他的征服使他需要对许多新的同盟国负责,保护他们不受罗马人的攻击。

到公元前210年,罗马已经意识到袭击迦太基在西班牙和北非的盟军的价值,而西庇阿凭借他对囚犯和人质的人道主义行为,很好地将罗马形象逆转为一个解放者而不是征服者。被盟军逐渐抛弃且被重整旗鼓的罗马军队袭击,令迦太基元气大伤。迦太基拒绝了西庇阿温和的投降条件,从意大利召回汉尼拔,吹响了最后一战的号角。

汉尼拔回到迦太基,用一支由4万人和80头大象组成的军队与罗马进行最后决战,参战人数一度超过了西庇阿统治下的罗马人(西庇阿统治下的罗马人数为3.5万人)。然而,西庇阿以前仔细地研究过汉尼拔的战术,因此,他在公元前202年10月19日决定性的扎马战役中赢得了胜利。

这是那个时代两位最伟大的将军的会面,但汉尼拔注定失败。西庇阿用号角恐吓汉尼拔的大象,使它们陷入混乱,从而夺走了这些大象的战斗力。他通过自方队列缝隙将其余的大象引诱过去,然后在后面将其杀掉。罗马人和迦太基人之间开始了激烈的战斗,而汉尼拔从战场上引诱罗马骑兵的计划也在起作用。当罗马骑兵击败迦太基人回到战场中心时,汉尼拔的军队终于被歼灭了。

第二次布匿战争的最后一次主要战役导致汉尼拔失去了人民对他的尊重。西庇阿对迦太基的战败条件非常温和——许多罗马人曾期望他将迦太基夷为平地——迦太基不能再为地中海霸权而战;持续向罗马上缴财政贡品。汉尼拔被迫流

如何利用强大的战象

1. 汉尼拔的大象通常被安置在他的三条战线的正前方，保护他的前线雇佣兵，向敌人施加恐惧，这会是他们对汉尼拔军队的第一印象。

2. 汉尼拔会让大象冲向敌方前线。这会打破敌人阵形，利于汉尼拔利用队列间的空隙发动进攻。

3. 从未遇到过大象的敌方军队会陷入混乱和恐慌。恐惧本身就可以搅乱他们的注意力，进而击垮他们的斗志。

大象不是不可战胜的

然而，那些有备而来的人却会用燃烧的材料和尖叫的"战猪"来吓唬它们。另外，虽然大象很强壮，但它们并非无懈可击。例如西庇阿这样聪明的将军意识到，大象只会沿着直线奔跑，因此他留出空间让大象直接穿过队列。

可怕的战争野兽

04 风险保障
人们无法预测大象的行为，它们有时甚至会引起恐慌，所以许多部队用锤子和锋利的凿子武装大象骑手。一旦大象发狂，骑手就会切断大象的脊髓，将它杀死。

03 第二骑手／弓箭手
大象也为弓箭手提供了一个很好的平台。大象的高度和相对稳定性意味着弓箭手可以从战场中央看到更多目标并加以射击，代替从高地和后方射击敌人。

05 塔楼
图片中常见的战象背上的塔楼被称为象轿，可以为骑手提供保护（也可能是财富的象征）。然而，这些更常见于大型印度战象的身上，几乎没有证据表明迦太基人使用过它们。

02 第一骑手
大象的高度、重量和厚厚的兽皮为骑手提供了很好的保护，一些将军为了更好地观察战场，会在大象身上发号施令。

01 种类
据传，迦太基人会使用现在已经灭绝的非洲森林象，这种象原产于摩洛哥、阿尔及利亚和撒哈拉沙漠边缘。尽管非洲丛林象比更常见的印度象和非洲象小得多，但它仍然有 2.5 米高。

06 装甲
大多数使用战象的文明都会用盔甲保护它们的腿和身体，同时让它们的躯干可以自由攻击。一些人甚至训练他们用躯干挥舞沉重的铁链和球。

战斗中的优势
大象本质上是一种制造恐怖的武器，用来给从未见过的敌方军队带来恐惧和混乱。它们在对战战马时特别有效，也在战场上提供了坚固的防御。大象的冲锋速度可以达到每小时 32 千米，与战马的冲锋不同，敌人的长矛无法将其击退。

战斗中的弱点
敌对的军队只需要见过战象一次，就可以消除对它们的惊恐，设计出对付它们的战术。罗马人发现，军队挥舞着燃烧的稻草是有效的，令大象害怕的尖叫的猪（"战猪"）也是有效的。尽管大象很难对付，但它们也会受伤。惊慌失措的大象会在自己的队伍中造成混乱。

后勤
大象需要很大的空间和大量的食物，这是行军中的一个问题。只有雄象才能上战场，因为雌象一遇到雄象就会逃跑。另外，雄象有獠牙！大象很难在圈养环境中繁殖，所以如果想获取战象，就需要不断地在野外捕获并训练它们。

扎马战役

迦太基

兵力：4 万人

领导者
汉尼拔
巴卡的儿子，9岁就开始熟悉战场，26岁时就已经成为迦太基的将军。
优势： 优秀的士兵；在许多以前的战斗中从未被打败；战术天才；80头战象。
劣势： 由于过度使用而变得众所周知的战术；雇佣兵之间忠诚度不同；大象未经训练，容易引起混乱。

关键部队
老兵
汉尼拔的第三战队包括他以前战斗时的老兵。具体有意大利胜战的幸存者，以及利比亚人、伊比利亚人和高卢人。他们是所有士兵中最厉害的。
优势： 经验和坚定。他们拒绝撤退，选择战斗至死。
劣势： 年龄；因不败而生的傲慢；被罗马的骑兵包围击败过。

关键武器
凯尔特剑
汉尼拔的大部分军队是由西欧的凯尔特人（罗马人称之为高卢人）组成的。他们经常赤身裸体作战，武器是一把80厘米长的双刃剑。
优势： 可以像斧头一样砍、击、劈。
劣势： 它的长度和使用方法决定了使用时需要一定的空间，所以此剑不利于近战。

01 地点
这场战役发生在突尼斯西南部的扎马拉吉亚平原。开阔的地形为西庇阿提供了一个优势——此地十分适合骑兵机动作战。汉尼拔首先到达，并部署他的军队面向西北，而西庇阿的军队面向东南。

02 大象
汉尼拔开始了这场战斗，他放出大象以打破紧密的罗马防线。西庇阿命令骑兵吹响号角，让大象受惊撞入汉尼拔自己的防线。大象完全扰乱了迦太基的左翼，使其脆弱不堪。

03 打开路径
西庇阿还意识到，大象只能直线前进。考虑到这一点，他在他的部队中打开了一些缺口，所以大象只是沿着这些小道奔跑前进，并没有伤害到任何罗马士兵。一旦大象走到罗马防线的后面，就会被罗马的散兵杀死。

04 引诱骑兵
消除大象的威胁后，西庇阿的部队又回归了传统的罗马战斗队形。罗马左翼冲向迦太基右翼，在汉尼拔的命令下，迦太基骑兵佯装逃跑，引诱罗马骑兵离开战场。

05 正面交锋
汉尼拔和西庇阿正朝着彼此的中心地带行进。汉尼拔只让他三条战线中的两条前进，而让老兵留下。经过一番激战，汉尼拔的军队被罗马步兵击退。

亡，他像一个战争顾问，寻找试图反抗罗马统治的国王，向他们提供专业知识和服务。在叙利亚和亚美尼亚经历了一些冒险之后，公元前182年他面临着被移交给罗马的威胁，最终他选择了服毒自杀。

巧合的是，在经历了动荡的政治生活和平静的退休生活后，西庇阿在差不多同一时间去世。他的荣誉就是"最终击败汉尼拔的人"。汉尼拔是历史上最伟大的军事战术家之一：一个几乎击败一个帝国的硬汉。

10 终局

直到获胜的罗马骑兵返回战场，从后方进攻迦太基防线之前，双方的实力相当均衡。迦太基人被完全包围歼灭，死亡2万人，俘虏2万人（尽管包括汉尼拔在内的许多人逃走了）。罗马的伤亡人数为2500人。汉尼拔长达数十年的征程失败了。

09 最终一战

在停战期间，西庇阿将他的部队重新排成一列，中间是剑客，内翼是经验丰富的老兵，外翼是重装盾牌兵。汉尼拔等着西庇阿进攻，经过一段时间的拖延，西庇阿终于应战。这场战斗激烈且血腥。

08 骑兵队

与此同时，罗马骑兵被引诱出战场，与迦太基人作战的同时，他们也在与其他队伍保持一定距离。汉尼拔的策略是成功的，因为此举分散了罗马骑兵的注意力，但他自己的骑兵队最终被击败，罗马骑兵回归了主战场。

06 撤退

汉尼拔的第一条防线被冲垮后，又设法重新排列第二条防线的两翼。随后，汉尼拔以重置的第二条防线向西庇阿的第一条罗马步兵防线发起进攻，对其造成重大伤亡。西庇阿用第二条防线上经验丰富的剑士加强实力。

07 防线减少

罗马人有效地加强了进攻，最终击溃了汉尼拔的第二条防线。和以前一样，汉尼拔幸存下来的二线部队随后与三线的两翼重组。双方重新集结时，战斗暂停了。

汉尼拔……取得了惊人的成功，他威胁要彻底摧毁罗马人的军队。

罗马

兵力：3.5万人

领导者
西庇阿
罗马的将军和政治家，他在灾难性的提契诺、特雷比亚和坎尼之战中幸存下来，那时他只有20岁。
优势：重骑兵；对敌方战术的仔细研究和准备；有利地形。
劣势：轻步兵；战场上的骑兵总被诱走；没有大象。

关键部队
青年兵
罗马军队中最年轻，也是最缺乏经验的一支，因此他们被困在前线，承受着战争中的第一拨攻击。
优势：有轻步兵支持；有更坚强和更有经验的壮年兵提供援助。
劣势：通常情况下最穷的士兵和最年轻的士兵一样，他们的装备又便宜又简陋。

关键武器
重标枪
标枪长2米，有一个60厘米长的金字塔形头部和一根木杆。总重量为2—5千克。与大多数标枪不同的是，它可以穿透盾牌。
优势：头部的形状意味着敌人不容易将它们从盾牌或身体上拔出。
劣势：一旦被扔出或嵌入某物（或某人）中，持用者就不得不放弃它，转而使用短剑。

三世纪危机

在3世纪的一半时间里,罗马帝国几乎陷入了疾病、被入侵和混乱的黑暗时代。

作为一个帝国,罗马的版图比以往任何时候都要宏大。它的疆域延伸到了当时已知世界的一半,在罗马国内,皇帝的地位达到了顶峰。到3世纪初,罗马帝国是西方文明中最有影响力的国家,它开始着眼于进一步扩张。

但在接下来的几十年里,帝国开始崩溃。日耳曼部落和强大的波斯民族正以蓬勃的气势进攻罗马边境,而罗马军队中的重要人物开始争夺荣誉和地位,给军队造成了致命的分歧。瘟疫也随之降临,人口减少,街道上堆积着腐烂的尸体。内乱期间,起义、叛乱和强烈的不安感笼罩着罗马人民。这是罗马帝国有史以来最接近黑暗时代的时期:半个世纪的混乱几乎永远地摧毁了罗马的未来。

在危机之前,罗马正处于一个黄金时代。奥古斯都的崛起和帝政下的帝国建立,带来了250年的相对稳定和稳步扩张。人们把这段黑暗前的

▲ 尤其是在危机动荡期，萨珊波斯帝国是东罗马人的最大敌人。图为罗马皇帝瓦勒良向萨珊波斯帝国皇帝沙普尔一世下跪

争夺王位者

在一片混乱中，许多人登上了罗马最有权势的席位。在大约半个世纪的时间里，大约有26人被元老院正式承认为皇帝（不包括那些没有得到官方认可的"皇帝"）。

那么为什么会有这么多皇帝呢？三世纪危机是罗马自联合王国以来发生过的最大规模的内乱。有权势的家族想要提高威望，军队的将军们想要登基为帝，而政客们只想牢牢掌控这个曾经强大的国家。

一些得到官方认可的皇帝在战斗中倒下或被敌人所俘。如果有皇帝侥幸没有死于战斗，那么他们也会在长达50年的混乱中被暗杀。

黎明称为"罗马和平"。

当2世纪接近尾声时，有着近1000年历史的罗马发现自己有一个帝国统治体系固有的问题：继承制度。宪法并没有规定如何选出新皇帝，连奥古斯都和他的朱里亚·克劳狄王朝都是用收养作为确定继承人的临时手段。随着王朝的兴衰，大多数皇帝发现他们与恺撒一样，要么死于竞争对手的匕首之下，要么命丧于禁卫军之剑。虽然有些皇帝死于自然原因，但大多数都死于非命。

最终，这些有地位的人意识到，王国的真正权力不属于他们，也不属于元老院，而属于军队。军队是一个独立的团体，遍地都是将军，他们的部下忠心耿耿，誓死效忠。如果一位皇帝能够得到军方的支持，那么至少在短时间内，他在帝国的地位就可以得到保证。当军队逐渐意识到自己处于帝国权力的核心地位时，这个问题变得更加复杂。

到公元235年时，军队已经筋疲力尽。为了保护罗马的大陆边界不受日耳曼蛮族和萨珊波斯帝国波斯战士的侵扰，一场漫长的、血腥的、似乎没完没了的消耗战耗尽了常备军的兵力，让许多常备军感到沮丧和愤慨。当时的皇帝亚历山大·塞维鲁决定贿赂波斯人以求和平，这种做法对军队来说毫无用处。塞维鲁是一个很穷困的皇帝，他决定用财政部仅存的一点钱来行贿。这对一些将军来说十分过分，所以塞维鲁被自己的人杀害了。

军队中的不同领袖推选出了自己的皇帝候选人，帝国于一夜之间陷入内部混乱，很快就演变成内战。元老院对此无能为力，只能被迫承认每个有实力的人。于是，共有26人被正式承认为皇帝。

罗马军队全神贯注于政治内斗，因此帝国不再拥有击退边境敌人所需的常备力量。在西部，蛮族部落积极备战，恢复进攻。汪达尔人、哥特人、卡宾人和阿拉曼尼人都袭击了西部地区，破坏他们所遇到的任何定居点或罗马的基础设施。莱茵河和多瑙河只是蛮族开始征服罗马的一角。

从某种程度上来说，这种情况是罗马人自己造成的。罗马习惯于从境外雇佣兵那里雇用一部分军队，而不是花时间训练自己的新兵。战斗时刻都在发生，为了征集足够的人力，罗马组建了一个完全由蛮族战士组成的部队。在那里，幸存下来的人在经过世界上纪律最严明军队的训练后返回家园。慢慢地，那些独立的部族和部落开始形成更大的联盟。

萨珊帝国的波斯人持续削弱罗马军队的力

▲ 这场危机对罗马贸易和商业的影响巨大，而这方面的社会基础设施需要几个世纪才能完全恢复

量，不断消耗帝国的资源，局势开始向东恶化。随着罗马的将军们不断卷入政治权力的角逐，波斯人越来越深入地侵占罗马领土。他们比之前的帕提亚人更具侵略性，比如围攻城堡并将其夷为平地。

随着货币的贬值，情况持续恶化。罗马帝国的硬币第纳尔，曾经由纯银制成，是国家经济的基石。随着时间的推移，铸币的品质降低了（用铜来替代银铸币），随后，第纳尔的价值开始暴跌。到了3世纪初，第纳尔的银含量降到了40%。在加里恩努斯（公元253—268年）的灾难性统治时期，通货膨胀飙升，货币几乎一文不值。罗马的经济已经陷入瘫痪，现在国家已经没有钱去支付军队的开支了。

瘟疫的爆发（很可能是天花或麻疹）让罗马民众苦不堪言，对于那些幸存下来的人来说，税收的重担（元老院为保卫帝国而筹集资金的唯一手段）持续压榨着这个被生活枷锁所困的民族。内战像野火一样肆虐，皇帝的宝座上不断出现新的面孔，有时在几个月内就有数位新帝登基。

公元260年，当瓦勒良皇帝被萨珊王朝俘虏时，帝国已处于崩溃的状态。虽然皇帝可以随时更换，但由于皇帝本人现在在波斯地牢里受苦，帝国看起来十分萎靡不振。这起事件直接导致了这场危机最严重的影响之一——罗马解体。在当年的晚些时候，一位罗马将军在不列颠尼亚、高卢和西班牙等高卢国家组织了一场反抗皇帝的叛乱，最终建立高卢帝国。

公元267年，罗马在帕尔米拉地区的控制力逐步衰弱，一位名叫泽诺比亚的叙利亚女王趁

> 通货膨胀是这个时期最大的问题之一，第纳尔的含银量降到了40%。

此从帝国中分离出来，形成一个独立的国家，称为帕尔米拉帝国。在短短几年的时间里，罗马帝国分裂成三个独立的国家，两个反叛的新国家统治着其余的罗马领土。对帝国来说，这是一个灾难性的时代，它标志着罗马正处于最黑暗的时刻。帝国急需救世主，需要有人把帝国重新统一起来。

事实上，罗马需要两个人来拯救。第一个人名叫奥勒良，他的前任克劳狄二世花了两年时间成功镇压入侵的蛮族，甚至从恣意妄为的高卢帝国手中夺回了西班牙，但他却在公元270年1月身染塞浦路斯瘟疫。他在死前任命他最亲密的指挥官奥勒良为继任者，但他的兄弟昆提卢斯试图夺取政权。然而，军队并不承认昆提卢斯的地位，奥勒良很快在战斗中击败他，得到元老院的全力支持。

在军队的充分信任（这在那个时代是罕见的）和他前任作为的影响下，奥勒良希望迅速统一帝国，但王国四面楚歌，急需自保。首先，他驱赶萨尔马提亚人、汪达尔人和朱通吉人离开罗马边界，然后继续击败威胁要入侵意大利甚至罗马的北方尤廷吉族。在军团的支持下，奥勒良向世人证明了自己是一个值得尊敬的指挥官和一个不畏作战的皇帝。然而，他明白自己有必要树立一个象征，向罗马人民表明，他当政期间的罗马是安全的，因此，他在罗马城周边修建奥勒良城墙，作为抵御潜在围困的一种手段。

到公元272年，奥勒良将注意力转向统一帕尔米拉帝国。听到罗马即将发动进攻的消息后，泽诺比亚切断了埃及对罗马的粮食供应，迫使奥勒良向叙利亚进军，用武力夺回失去的领土。泽诺比亚在帕尔米拉避难，这座城市极难被围困，

决定性时刻
亚历山大·塞维鲁遇刺身亡
公元 235 年
亚历山大·塞维鲁皇帝的军队试图与日耳曼部落签订一项和平条约，这一先例将在接下来的50年动乱中继续被沿用。他被自己的军队谋杀了，他们又任命马克西米努斯·色雷克斯（军中一位颇受欢迎的将军）为下一任皇帝，他的统治大约持续了三年。然而，国家的边界还在持续遭到入侵，这些攻击罗马的部队隶属于萨珊帝国。

> **罗马的经济已陷入瘫痪，现在国家已经没有钱去支付军队的开支了。**

时间轴

235 CE

● **马克西米努斯遇刺身亡**
公元 238 年
他是在危机中被谋杀的第一位皇帝，人们推测他可能死于自己的军队之手。他的死使整个国家陷入内战，人们为了争夺帝位而互相厮杀。

● **德基乌斯和赫伦尼乌斯去世**
公元 251 年
为了击退日耳曼人的入侵，两位共治皇帝拉真·德基乌斯和赫伦尼乌斯·埃特鲁斯在战斗中阵亡。他们死后，更多的内乱接踵而至。

● **瓦勒良皇帝被俘**
公元 260 年
瓦勒良皇帝被萨珊帝国所俘是整个帝国史上最尴尬的一幕。现在的他被剥去帝王头衔，成为一名波斯战俘。

● **高卢帝国解体**
公元 260 年
这是第一起罗马领土分裂事件。罗马将军波斯杜穆斯反抗加里恩努斯皇帝，建立了一个新的国家即高卢帝国，领土范围包括高卢、不列颠尼亚和西班牙。

● **奥勒良击败昆提卢斯**
公元 270 年
公元 270 年，有两个人同时自立为帝。奥勒良最终在战斗中击败昆提卢斯，元老院很快就承认他是帝国真正的皇帝。

▲ 波斯人俘获瓦勒良皇帝对罗马人来说是一个灾难性的损失，这几乎使罗马帝国崩溃

决定性时刻
奥勒良被暗杀
公元 275 年
虽然奥勒良皇帝的在位时间只有五年，但他的侵略性军事战术使他成功地统一了三个不同的王国。在大部分时间里，他拥有军方的支持，可以迅速作出决定，把握一切机会将入侵者赶走。除此之外，他还监督了奥勒良城墙的修建，这是一个拱卫罗马城的大边界，以防外族入侵至王国的中心。然而，内斗和背叛随之而来，他在 65 岁时被自己的禁卫军谋杀。

决定性时刻
戴克里先结束危机
公元 285 年
在东部军队的支持下，戴克里先从卡里努斯的手中接下了罗马帝国的皇位。卡里努斯的真实性格现已不可考，主要是因为戴克里先大肆污蔑他的名声，并在他的支持者中制造矛盾。我们无法确定卡里努斯是在与对手战斗时牺牲的，还是被自己的部下谋杀的。据以往经验来看，后者似乎最有可能，因为戴克里先很快得到了东西方军队和元老院的支持，他压倒性的支持率有助于危机的结束。

285 CE

● **奥勒良夺回帕尔米拉帝国**
公元 273 年
经过一年的统一战争，奥勒良终于通过围城断绝粮草的方式击败了叛军王后泽诺比亚。帕尔米拉帝国重新回到罗马帝国的怀抱中。

● **高卢帝国沦陷**
公元 274 年
在另一场统一王国的战役中，奥勒良乘船前往不列颠尼亚，击败了统治者提里库斯一世，并将高卢和不列颠尼亚重新纳入罗马帝国的版图。

● **弗洛里安努斯皇帝遇刺身亡**
公元 276 年
在众多由军方推动的皇权更迭中，一场军队暴乱导致弗洛里安努斯皇帝被杀，此时，距离他开始统治帝国只有短短的三个月。

● **普罗库鲁斯皇帝遇刺身亡**
公元 282 年
普罗库鲁斯在位时间相对较长（考虑到频繁的暴力动荡，能够在位六年已十分了不起），但最终，他也在一次军事叛乱中被废黜，随后惨遭谋杀。

● **戴克里先发动叛乱**
公元 284 年
骑兵司令戴克里先听说共治皇帝努米安在战斗中去世，悍然起义。他得到了强大的东部军队的支持。

危机剖析

高卢帝国 公元260—274年

不列颠尼亚、西班牙和高卢诸省在公元260年的危机中脱离帝国，组建为一个新的国家——高卢帝国。这场独立运动是由罗马将军波斯杜穆斯组织的，他对罗马无力应对入侵而感到厌倦。在波斯杜穆斯于公元268年被刺杀和高卢帝国于274年被统一之前，日耳曼和西班牙曾一度被并入其领土中。

帕尔米拉帝国 公元270—273年

以古代犹太城市帕尔米拉为中心，帕尔米拉帝国是一个于公元270年分裂出来的国家。这个国家由叙利亚的罗马领土帕尔米拉、阿拉伯彼得雷亚、埃及和小亚细亚的部分地区组成，它独立发展了三年，之后的一系列内部叛乱为奥勒良皇帝摧毁并重夺帕尔米拉打开了大门。该国由叙利亚女王泽诺比亚和她的家人治理。

罗马帝国 公元235—284年

在这三个国家中，独立的意大利帝国是面积最广的，也是实力最强大的。同时，这场内乱也是有史以来最严重的一次。这场反击始于公元268年，当时的皇帝克劳狄二世驱赶了亚曼尼的日耳曼部落，并从高卢帝国手中夺回了西班牙。奥勒良随后接管战斗，夺回所有分裂出去的领土。

不列颠尼亚 公元259年

当罗马帝国的其他领土被野蛮的入侵者（尤其是从多个有利位置涌入罗马领土的哥特人）包围时，罗马的不列颠尼亚行省由于四周环水，成功地避免了大部分入侵。在一段时间内，不列颠尼亚就是一个相对和平之地，但其他地方危机导致的通货膨胀在其人民中造成了经济动荡。当罗马将军波斯杜穆斯（其大本营位于不列颠尼亚）反抗加里恩努斯皇帝时，不列颠尼亚成为他建立帝国的首选。

埃及 公元264—269年

埃及行省是罗马帝国的重要组成部分，此地出产粮食，因此最为富有。这片领地最初由泽诺比亚在其叛乱期间占领，进而促成了帕尔米拉帝国的建立。泽诺比亚宣称与克娄巴特拉七世和整个埃及有血缘关系，这块领地的特殊性促使奥勒良立即决定重夺它。

但奥勒良愿意奉陪到底，去玩这个漫长的游戏。六个月后，这位饥饿的女王和她的儿子最终被迫投降。

奥勒良回到罗马，泽诺比亚被囚禁，来自埃及的粮食储备也恢复了，在一个原本黑暗而沮丧的时代，这是一个短暂的积极迹象。两年后，奥勒良航行到不列颠尼亚，继承前任的遗志，将其重归罗马管辖之下。很明显，他作为军事指挥官名声在外，而自诩为"高卢皇帝"的泰特里库斯一世则公开表示要归还高卢和不列颠尼亚的领土（尽管他拒绝接受奥勒良成为他的领袖）。因此，当这两个人的军队在秋天的香槟市相遇时，这位高卢领导人只是离开了自己的营地，转而走进罗马营地。在短短两年的时间里，奥勒良统一了帝国。

即使现在大部分领土已经收复如初，但帝国仍然处于困境之中。瘟疫肆虐于城市、城镇和居民区，罗马的一些地区因为人民逃难离开而几近荒芜。一些城镇被入侵袭击后完全被摧毁，而另一些城镇则因害怕遭受类似的命运而被遗弃。因为害怕被入侵，曾经随和的罗马人变得胆怯——他们在王国边界修建城墙，奥勒良也在城市周围建立防御工事，这都是一个民族不再对国家充满信心的迹象。

奥勒良最终没有逃脱大部分皇帝的命运——被暗杀。公元275年，敌人的阴谋导致他被自己人杀害。随后，因为军事集团争夺王位控制权的冲突仍在继续，罗马再次陷入内战。奥勒良被谋杀后，又有六个人成为罗马的热门人物，在接下来的十年里，罗马城再无和平可言。

之后，公元284年，另一位有影响力的人物成为皇帝，他是一位名叫戴克里先的罗马将军。与许多人不同，戴克里先得到了罗马两大军事集团——东部和西部军——的支持。戴克里先是一位受欢迎的战略家和司令官，他认为单一专制的

▲ 戴克里先的方法有助于结束危机，但他提出的四帝共治并没有坚持到最后，单一帝制的时代卷土重来

▲ 卡里努斯是危机时期的最后一位皇帝，戴克里先掌权标志着半个世纪的罗马黑暗时代结束了

▲ 军方在危机中成为政治构成的关键角色，这导致了许多内乱的发生

尽管国家的大部分地区已经恢复活力，但帝国仍处于危难之中。

制度使这个王国陷入了长达半个世纪的危机。因此，在帝国大部分军事力量的支持下，戴克里先推翻了现任皇帝，被元老院宣布为新领袖。

戴克里先创造了一种新的统治形式——四帝共治。帝国被分为四个独立的地区，每个地区由一个人统治，四个地区开会讨论与整个国家有关的问题。向罗马最有权势的四个家族提供更高地位的建议安抚了交战中的贵族，在军队的支持下，戴克里先有效地在公元284年结束了三世纪危机。

然而，就像被毁坏的定居点、破碎的城墙和瘟疫坑一样，罗马在半个世纪的冲突和不确定性中永远留下了伤痕。长达100多年的铸币贬值在很大程度上摧毁了罗马经济，曾经含银量极高的第纳尔消失了。贸易很快又回到了使用黄金的时代。

危机期间，罗马的贸易基础设施也受到了影响。此前，罗马经济的大部分增长都是通过内部贸易实现的，来自罗马帝国各地的商人会进入罗马城并将商品卖给他们的同胞。随着50年的内乱，道路不再安全，这些商人很少外出。因此，许多市民在当地购买或种植他们自己的庄稼或葡萄酒，用一种自力更生的方式确保在黑暗时期的生存，但这严重影响了罗马的贸易经济。罗马活了下来，但它永远带着危机留下的伤疤。

▲ 汪达尔是罗马人在三世纪危机期间交战的众多部落之一

塞浦路斯瘟疫

历史上,罗马帝国遭受了多次破坏性的瘟疫,其中一次便发生在三世纪危机中。历史学家更常称之为塞浦路斯瘟疫,这种广泛的流行病很可能是爆发的天花(一种蹂躏文明世界的传染病,特别流行于接下来的中世纪)。在公元250年的某个时候,这些病例被首次记录下来,并持续了20年之久,甚至在公元270年7月,连皇帝克劳狄二世也死于瘟疫。

瘟疫蹂躏着每一个人,据圣塞浦路斯人(一位目睹瘟疫爆发的迦太基主教)所说,瘟疫就像野火一样蔓延开来。这种瘟疫流行了20多年才最终消失。

战斗
由于大部分战斗都是在黑夜的掩护下进行的,事态发生变化时,许多战斗人员都不知道他们是在和谁战斗。

罗马人
"罗马"一词可能会让我们联想到它伟大的军事形象,但事实上,罗马帝国已然衰落了。如果没有西哥特人和其他部落的帮助,高卢肯定会倒下。

伤亡者
迄今为止,没有人知道双方的战斗人员数量,也没有人知道伤亡人数。据当时的记载,有数十万人死亡,但现已无从考证。

西奥多里克
西哥特人的领袖同意与罗马人结盟,共同应对危险的匈奴人,因为他们居住的高卢是阿提拉的目标。最终,西奥多里克在战斗中丧生。

加泰罗尼亚平原之战

在有史以来最传奇的一次战役中，
罗马人与臭名昭著的匈奴王阿提拉一决雌雄。

公元451年的加泰罗尼亚平原之战（有时也被称为沙隆之战）是两个经历了不同命运的对手之间的冲突。一边是罗马帝国——曾经强大，却在不断受到欧洲各地日益强大的部落的攻击后逐渐衰落。另一边则是由匈奴王阿提拉率领的匈奴帝国。

阿提拉和他的匈奴帝国被称为"上帝之鞭"，有充分理由证明他们给其他民族带来了巨大的恐惧。他和他的部族以横扫东罗马帝国而闻名，他们会杀掉前进道路上的每个人，不分年龄、种族或等级。他们将新目标锁定高卢（现在的法国）。虽然高卢在名义上属于罗马帝国，但它事实上主要由西哥特人控制，他们发现自己受到了阿提拉的威胁。匈奴人横冲直撞地穿过高卢，科隆、美因茨、梅茨、斯特拉斯堡和莱姆斯等城市在猛攻前就已经失守了，随后匈奴人的军队包围了奥尔良。

但事情并非毫无转机，有一个罗马人可以与强大的阿提拉一决高下。埃提乌斯是一名将士和政治家，他曾以将军的身份打过很多胜仗，还担任过西罗马帝国皇帝瓦伦提尼安三世的首席政治顾问。早年他在西哥特人和匈奴人那里做过人质，因而对当时几个主要部落民族的生活方式比较了解。这段经历再加上他的政治和军事头脑，不仅对打败后者至关重要，而且对说服前者与罗马帝国结成联盟也至关重要。因此，为了保卫奥尔良，埃提乌斯和由国王西奥多里克一世领导的西哥特人、一群阿兰人和勃艮第人结成同盟。

6月14日，同盟军赶在奥尔良投降的前夜抵达城内。尽管阿提拉的军队人数远远超过罗马联军，但他还是命令部队有序撤退，希望可以正面迎战。他在沙隆附近安营，等待在黑夜中奇袭敌人。埃提乌斯和他的部队不敢懈怠，一直保持战斗队形。6月20日，战役正式打响。

沙隆之战是那个时代最血腥的战役之一。尽管阿提拉在早期占据上风，但埃提乌斯将阿兰人放在部队中央（由于其不可靠性而特意如此安排），罗马人和西哥特人通过攻击侧翼来还击，扭转了战斗局势。在面对生命危险时，阿提拉果断选择撤退。

埃提乌斯并没有赶尽杀绝。他认为西罗马帝国的心腹大患不是匈奴人，而是高卢人。保留匈奴人这个外患可以让西哥特人为首的蛮族有所忌惮，促使他们向罗马寻求合作保护其免受南部汪达尔人的进一步攻击（他们最先向阿提拉提出入侵高卢的想法）。尽管最后匈奴人将再次血洗意大利，但此时，东罗马帝国的未来已经得到了保障——这在很大程度上要感谢"最后的罗马人"埃提乌斯。

罗马人

埃提乌斯

领导者

作为一名军人和政治家，埃提乌斯非常受欢迎，他被称为"最后的罗马人"。

优势：精明的战术、强大的战士。
劣势：寡不敌众。

西哥特骑兵

关键部队

作为罗马联盟的重要组成部分，他们在战斗中起到了决定性作用。

优势：勇猛且难以被击倒。
劣势：容易踩伤友军。

哈斯塔

关键武器

介于长枪和长矛之间，是罗马士兵专属的武器之一。

优势：有助于抵御骑兵的攻击。
劣势：难以招架近身格斗。

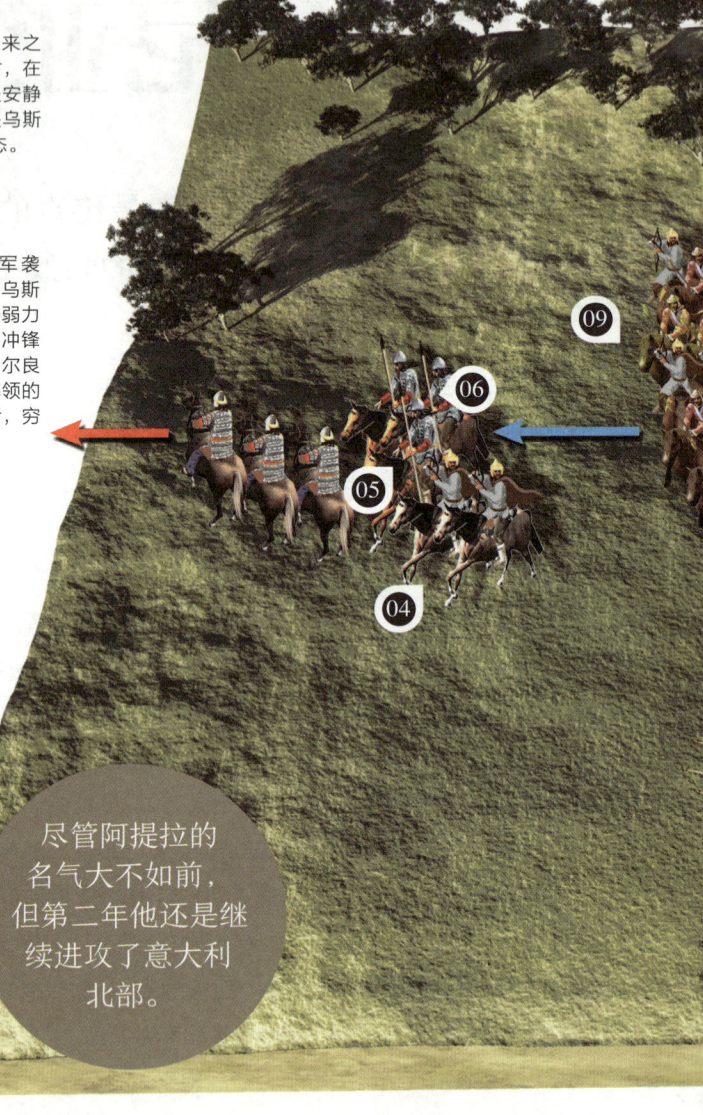

01 阿提拉和他的部队退回营地

在看到罗马-西哥特联军的到来之后，阿提拉命令军队返回乡村，在沙隆附近安营扎寨。他在此处安静地等待时机，与此同时，埃提乌斯和他的部队一直保持着战斗姿态。

02 阿提拉出击

阿提拉带着匈奴大军袭击罗马联军的中心地带，埃提乌斯故意在那里安置了军队中的最弱力量——阿兰部落。匈奴的骑兵冲锋将桑吉班国王（他曾试图在奥尔良被围困时与匈奴谈判投降）率领的阿兰人击退，阿提拉紧随其后，穷追不舍。

> 尽管阿提拉的名气大不如前，但第二年他还是继续进攻了意大利北部。

03 埃提乌斯反击

埃提乌斯的大部分兵力都集中在侧翼：他在左侧指挥罗马军队，西奥多里克在右侧领导西哥特人。在阿提拉完成初次进攻后，罗马人发起反击，试图阻止阿提拉撤回车队上。尽管他们袭击了阿提拉的军队，但是他们没有足够的人数完全压制匈奴人。

04 西哥特人出击

战斗一直持续到深夜，绝望的氛围蔓延开来。西哥特人受到匈奴人的强烈抵抗后转而攻向侧翼，再加上罗马联军的配合进攻，胜利的天平逐渐倾斜到埃提乌斯的这一边。匈奴人被困在两翼之中，失去了有利的战斗空间。

05 西奥多里克被杀

西哥特人遭遇悲剧。进攻过程中，西奥多里克被击败，在混乱中被自己的人踩死。这对埃提乌斯来说是个打击，他最强大的盟友战死了。

匈奴人

10 匈奴人离开
由于埃提乌斯不愿发动进攻，阿提拉带着他的部队越过莱茵河，进行有效的撤退。他后来会卷土重来给罗马帝国制造麻烦，但此时，罗马帝国是安全的。

09 言和
尽管有机会一劳永逸地消灭匈奴人，经过一晚的深思熟虑，埃提乌斯还是选择不再追杀匈奴人。可能的原因是匈奴人是罗马人和西哥特人的共同敌人，可以让他们团结起来不再纷争，而西奥多里克死了，埃提乌斯需要确保他能够获得西哥特人的支持。

阿提拉

领导者
他是有史以来最令人畏惧的军事领袖之一，一心入侵高卢。
优势：一个狡猾而强壮的将士，指挥着巨大的军事力量。
劣势：战术上不及埃提乌斯。

匈奴人

关键部队
欧洲最令人畏惧的部落之一，无论他们去哪里，都会留下毁灭的痕迹。
优势：战斗中勇敢无畏的战士。
劣势：刚愎自用的天性让他们在战术上特别容易被拿捏。

06 西哥特人继续战斗
尽管失去了国王和领袖，西哥特人仍旧积极战斗，西奥多里克的儿子托里斯蒙德成为新的统帅。渴望复仇的托里斯蒙德带领一支骑兵冲进阿提拉的部队，在此过程中造成了大量伤亡。

07 混战
太阳落山后，双方都不清楚在与谁战斗，因此出现了许多混乱。托里斯蒙德把匈奴人误认为友军，结果差点被杀。

08 阿提拉撤退
阿提拉见敌军大举向他袭来，不愿再冒损失的危险，便带着部队撤退到他的马车圈内，弓箭手掩护撤退的部队。

弓箭

关键武器
掩护匈奴撤退的效果很好，对骑兵来说尤其致命。
优势：射程远，数量致命。
劣势：在近身格斗中无法起作用。

罗马帝国的最后一战

600年来,曾经最富有的城市君士坦丁堡一直处于争夺的中心。1453年,敌对双方跃跃欲试,准备决战。

> 君士坦丁皇帝以他的名字命名这座城市,将其称为"新罗马"并将它设为新的首都。

苏丹穆罕默德二世在君士坦丁堡古城城墙外的护堤上驻扎。那些负责保卫这座东正教大本营城市的人们,可以清楚地看到这位年轻苏丹的位置——距离城墙不到230米远的地方矗立着数量惊人的帐篷。

帐篷成簇地排列着。在每个小中心都有一个临时的军官住所,每一个住所的上方有一面面迎着马尔马拉海风飘扬的挑衅旗帜。这位21岁的苏丹拥有属于自己的红金帐篷,这座仪式性的帐篷的位置更加靠后,其宏伟气势与奥斯曼帝国领袖的气质相得益彰。大约6万名士兵和数千名帮助军队维持装备完整、保障食物供应的后勤兵整装待发,这一幕让这座城市的居民感到绝望。对于君士坦丁堡的领袖——拜占庭皇帝君士坦丁十一世帕里奥洛格斯来说,他们聚集的目的是显而易见的。战争不可避免,穆罕默德二世和帕里奥洛格斯的军队人数比达到了惊人的10:1。

穆罕默德二世意识到有必要对君士坦丁堡发动一场速战,因为维持如此庞大的军队人员吃饱喝足且身体健康是一件相当费力的事情。他向君士坦丁提出了一个条件:交出这座城市,他就能在迈斯特拉斯的小镇上继续统治。皇帝拒绝了:"我和我的子民都没有权力把这座城市交给你,我们甘愿赴死。"

▲ 1453年的君士坦丁堡是一座享有盛誉的城市，但现在的它的实力大不如前

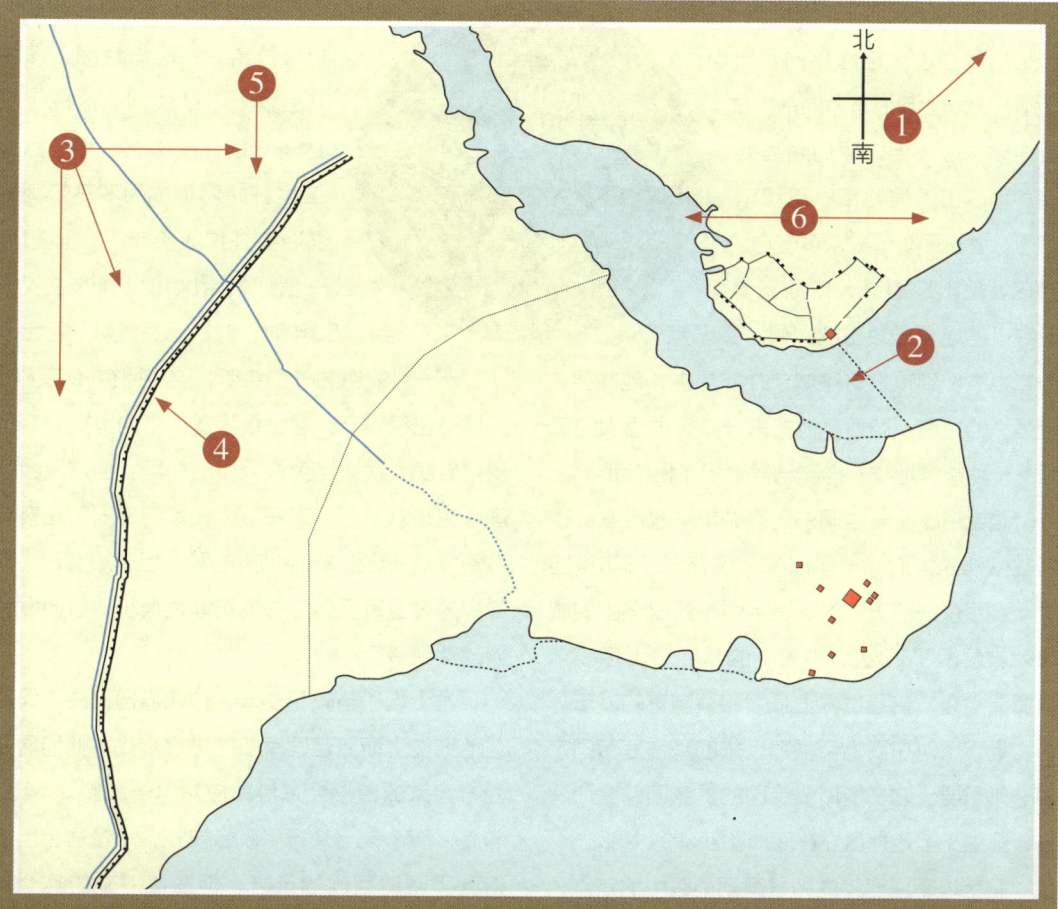

城市的防御系统是如何被攻破的？

1. 欧洲要塞

1451年冬天：绰号"割喉者"的穆罕默德二世下令建造一座宏伟的城堡，城堡壁厚7.6米。它位于博斯普鲁斯海峡的最窄处，居民们用它来切断对君士坦丁堡的补给。

2. 铁链

1453年4月2日：尽管这条铁链早在几个世纪前就已经修建完毕，但当奥斯曼帝国军队在家门口扎营时，君士坦丁十一世还是把它拴在君士坦丁堡金角的入口，用来阻止敌舰进入入口。

3. 敌营

1453年4月2日：奥斯曼帝国的敌军和一支欧洲军队在城墙外安营扎寨，欧洲军队驻扎在河的北边，中间是保卫穆罕默德二世的卫戍军，而安纳托利亚军队驻扎在更远的地方。

4. 提奥多西城墙

1453年4月6日至5月29日：这段6.5千米长的内陆墙是敌人的主要目标。他们炮轰此墙，多次试图破坏它。敌军最后于1453年5月29日成功占领这座城市。

5. 护城河

护城河是5世纪修建的，它是外来侵略军与城墙之间的一道额外屏障，宽约20米，深约7米。奥斯曼土耳其人拼命地想将其填平，以此达到轻松安全通过的目的。

6. 绕过铁链

1453年4月22日：由于铁链阻碍了船只穿过金角的道路，穆罕默德二世命令船只改水路为陆路。在夜深人静的时候，他组织人力铺设木板，先后将80艘战船运进内海，重新下水，此举让君士坦丁大为吃惊。

1453年4月6日，奥斯曼帝国发起第一拨进攻，轻炮兵向君士坦丁堡开火。士兵们奋力向前，试图冲破城墙，但守军们顽强抵抗。他们击退侵略军，给穆罕默德二世的军队造成众多伤亡。就在城墙出现裂缝，博斯普鲁斯海峡上的堡垒被攻占的时候，穆罕默德二世意识到攻破这座城市并非易事，他需要更强大的力量。随后，他找来一种火力强大的武器：一种能像地震一样震动君士坦丁堡的武器。

君士坦丁十一世明白这座城市的政治意义：通往欧洲的大门。千年以来，仅在1203年第四次十字军东征的天主教骑士手中，这座坚固的城市就被围困了23次。更重要的是，君士坦丁堡是贸易中心，曾是世界上最大和最富有的城市。君士坦丁堡对东罗马帝国即后来的拜占庭帝国来说非常重要。它在奥斯曼帝国的扩张面前坚如磐石，孤独又坚定地矗立在欧洲和亚洲的中部。

君士坦丁堡已经成为各国领袖眼中的焦点，他们想征服曾经强大的罗马帝国的最后一个前哨。674年至678年，奥斯曼土耳其围攻君士坦丁堡。717年至718年，他们再次尝试向君士坦丁堡发动攻击。

然而数百年来，作为东正教中心的君士坦丁堡受到的主要威胁都来自天主教的中心罗马。第四次十字军东征摧毁了君士坦丁堡的权力和财富，因此，到了1453年，君士坦丁堡逐渐衰败。此时，拜占庭帝国（拜占庭帝国的鼎盛时期其国土包括了地中海沿岸的大部分地区）由君士坦丁堡和几平方英里（1平方英里约为2.5899平方千米）外的土地组成。或许这座城市已经失去了权力，但它的地理位置和历史文明依旧十分可观。穆罕默德二世对此垂涎不已。

这位年轻的苏丹决定在前人失败的地方取得成功。他之所以掌权，还要感谢他的父亲穆拉特——他与意图入侵的天主教十字军谈判，达成了长达十年的休战协议。穆罕默德二世开始渴望成为罗马帝国的统治者并扩大影响力。他想要统一信仰、帝国和世界的主权，到1453年时，时机已然成熟。君士坦丁十一世只空剩一个头衔，这座拥有10万人口的城市已经破产。君士坦丁堡一直向奥斯曼帝国支付巨额贡赋来避免被入侵的命运，但这只会让国库越来越空虚。现在敌人在家门口安营扎寨，准备发动一场浩劫。49岁的君士坦丁知道，人数稀少的守卫军坚持下去的可能性很小，但他发誓要战斗到最后一刻。

君士坦丁与教皇交涉，他知道自己并不能长久地拖住奥斯曼帝国军队的进攻步伐，他们需要西方国家的增援会来协助应对这一威胁。1452年底，两个教会举行了联合仪式，尽管君士坦丁得到了派遣军舰的承诺，但在接下来的几个月里，并没有军舰抵达，也没有人前来援助，万般无奈下，君士坦丁只能加紧修复并加固城墙。

罗马帝国的最后一个前哨站被19千米的围墙所环绕，它们大部分都位于海边。北面是一条横穿金角河口（通往一个大型港口状海域的主要入口）的铁链，它有效阻止了敌舰驶过君士坦丁堡北部，是该市防御的重要组成部分。君士坦丁将防御策略的重心放在了6.5千米长的陆地围墙上，但他完全不知道敌人即将公布一项最新的秘密武器。

穆罕默德二世很喜欢创造新事物，因此，他提出了制造大炮的计划。他断定，这将是打破著名君士坦丁堡城墙的完美选择。

11世纪左右，火药现世于宋朝的《武经总要》中，世人皆知晓其威力。不过，奥斯曼帝

> 罗马帝国的强盛仅仅是历史长河中的短暂时光，但我们仍然敬佩它曾经的辉煌。

攻城武器的演变

攻城锤

首次使用：未知

优势：自古以来，攻城锤都是战争中不可缺少的重要角色。几个世纪以来，它一直是摧毁防御工事的高效武器。攻城锤开始只是简单沉重的原木，后来出现的摆动机制使它变得更先进高效。

劣势：攻城锤虽然擅长撞击石头和砖块，但对于较厚的墙壁来说几乎毫无用处。同时，士兵们必须靠近防御工事才能对其造成伤害。后来火药和大炮取代了这种笨拙的攻城方式。

攻城塔

首次使用：公元前11世纪

优势：可移动的攻城塔可以让士兵在同样高度或更高的幕墙上攀爬。在未来的几年里，攻城塔的底部被覆盖起来，以便进行隐蔽工作，例如填充护城河等。

劣势：由于是木制的，攻城塔很容易倒塌。在君士坦丁堡，守卫军用希腊炮火（拜占庭人在海战中常用的武器）点燃了攻城塔。

加农炮

首次使用：12世纪

优势：正如君士坦丁堡之战所展示的那样，即使面对最坚固的防御工事，加农炮也能与之进行有效对抗。大炮在第一次世界大战中大量使用，直至今日。

劣势：需要重新装弹并修正瞄准，比较麻烦。在君士坦丁堡之战中，重装超级大炮大约需要三个小时，这是一个十分劳累的手工过程。

石弩

首次使用：公元前4世纪

优势：石弩能够推动炮弹越过城市和城堡的防御墙，直击敌人，也可以用来发射大石头砸墙。

劣势：当防御力量过于强大时，石弩的作用会被抵消。不管使用哪种石弩——有些是张力驱动，有些是勺子状的——移动和安置都十分不便。

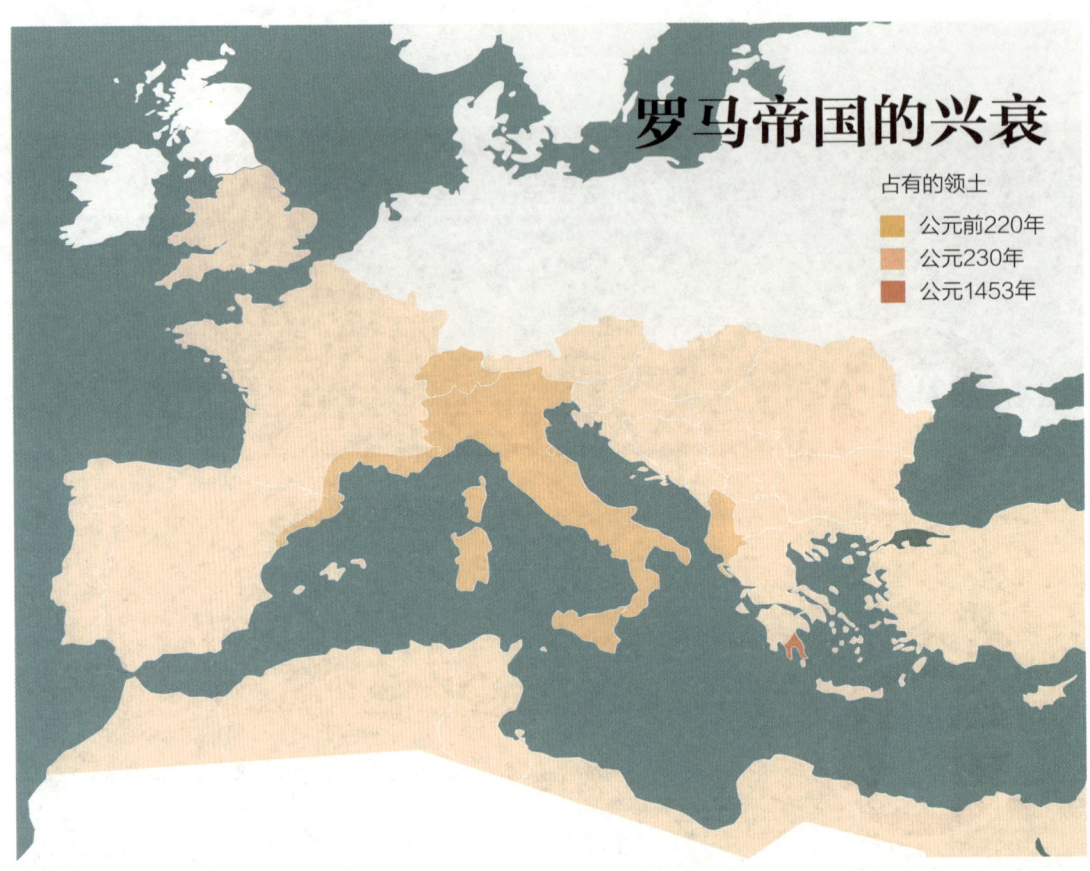

罗马帝国的兴衰

占有的领土
- 公元前220年
- 公元230年
- 公元1453年

国的新武器有所不同。它是由一位名叫欧尔班的工程师设计的,他从匈牙利王国启程前往君士坦丁堡进行拜访,随后被君士坦丁任命负责开发新的武器。微薄的薪酬迫使他投靠穆罕默德二世,他向这位苏丹保证可以制造一种足够大的武器,这种武器可以发射出巨大的石头,摧毁城市的城墙。

欧尔班得到了一大笔钱和材料来建造他臭名昭著的超级大炮。他花了三个月的时间才制造出这件巨型武器——一个8.2米长的怪物,能够在令人难以置信的1.6千米的范围内投掷一个272千克的石球。石球撞击君士坦丁堡的城墙时产生了巨大的冲击波,它撞到墙壁上,导致部分墙壁碎裂脱落,给宝贵的城市防御工事上留下了巨大的炮洞。君士坦丁的士兵在猛烈的攻击面前挣扎

着,他们的喘息时间是敌人重新装填大炮所需的三个小时,守军抓住这段时间用泥浆和其他材料修复墙壁。防御者把兽皮覆盖在墙面并加上泥土,以缓冲随后的冲击。

每一个石球砸到城墙上时,城墙和地面的噪声和惊天动地的震动为城内的人带来了同等的心理伤害和身体伤害。在忍受了多日的攻城后,君士坦丁得到了乔瓦尼·朱斯蒂尼亚尼和他的700名来自奇瓦岛的专业士兵的帮助。朱斯蒂尼亚尼在修复城墙方面发挥了重要作用,君士坦丁堡以某种方式坚挺着。到那时为止,战斗已经持续了12天。

填满城墙周围的护城河是穆罕默德二世军队的主要目标之一,他们希望借此快速进入城内,但君士坦丁的人会在夜晚将护城河清空。尽管

他承诺制造出一种大到足以发射巨石的武器去摧毁城墙。

如此,在4月18日进攻君士坦丁堡的第二次尝试中,尽管穆罕默德二世一方对君士坦丁堡造成了足够多的破坏,他们还是被击退了。

奥斯曼帝国在战前制订的最有效的计划之一就是在君士坦丁堡靠近欧洲的一侧建造一座大城堡,奥斯曼帝国将其称为"割喉器"。这座堡垒只用了四个月就建造完毕,在围攻中及时完成了攻势,控制住了博斯普鲁斯海峡海上的交通。同时,奥斯曼土耳其人切断了对君士坦丁堡的补给,他们用位于水边的大炮,向试图驶向君士坦丁堡的违抗船只开火。君士坦丁堡处于危险的孤立状态。

君士坦丁堡并没有坐以待毙。守军在金角的入口处拴了一条铁链,以此封锁航道,防止来自这个方向的攻击。事实证明,守军有效阻击了奥斯曼帝国海军的进攻,而且拜占庭人在近舰作战时也曾取得胜利。然而,切断金角意味着他们需要集中一切精力保卫城墙。

穆罕默德二世对此的应对方式十分巧妙。他看了看铁链,仔细观察了一下附近的地势,最终

▼ 多年来,苏丹穆罕默德二世一直在计划攻入君士坦丁堡

历 史 名 城

君士坦丁堡

奥斯曼帝国的军队终于突破了坚固的城墙和防御工事，进入了君士坦丁堡。在震耳欲聋的哭喊声中，他们杀害了数百名男子，俘虏了妇女和儿童，并掠夺了这座城市。

有多少东西被摧毁了？

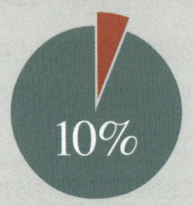

10%

被毁的主要地标或建筑物

君士坦丁堡城墙

死亡人数

4000

使用的主要武器

加农炮

1453年
5月29日

安特卫普

西班牙宣布破产后，特尔西奥因没有得到报酬而感到愤怒，他带人冲进安特卫普，掠夺了这座城市。三天多的时间里，他们偷走了大量的物品，最后纵火烧毁了这座城市，彻底摧毁了这片最为富有的地区。

有多少东西被摧毁了？

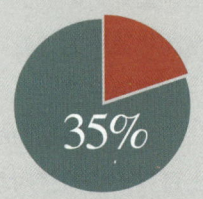

35%

被毁的主要地标或建筑物

市政厅

死亡人数

8000

使用的主要武器

火

1576年
11月4日

被 洗 劫

罗 马

神圣罗马皇帝查理五世的军队因为没有得到报酬而生气。最后,超过34000人叛变,并前往罗马。教堂和修道院遭到抢劫和破坏。在叛乱中被屠杀的人包括神父、僧侣和尼姑。

有多少东西被摧毁了?

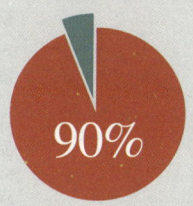

90%

被毁的主要地标或建筑物

壁画和雕像

死亡人数

12000

使用的主要武器

剑

**1527年
5月6日**

巴格达

大约15万蒙古人抵达巴格达,并于2月13日进入巴格达,在随后的一周内,他们摧毁并掠夺财产,将数百本书扔到了底格里斯河中。

有多少东西被摧毁了?

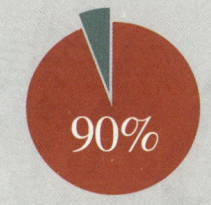

90%

被毁的主要地标或建筑物

图书馆

死亡人数

1000000

使用的主要武器

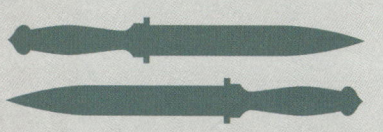

刀

**1258年
2月13日**

这座城市是以谁的名字命名的？

这座城市以公元306年至337年的罗马皇帝君士坦丁大帝命名。公元312年，他与马克森提乌斯皇帝争夺西罗马帝国的控制权，最终取得胜利。作为第一位皈依基督教的皇帝，他用这场胜利开启了宗教宽容之路。在君士坦丁的统治下，帝国繁荣昌盛，最终于公元324年统一。随后君士坦丁将目光移向东方，在拜占庭建立了新罗马。罗马人为了纪念他，将拜占庭帝国的首都命名为君士坦丁堡。

决定把船从海上拖到被铁链阻断的水域中去。士兵和牛拉着战舰，把它们放到预先铺好的涂满动物脂肪的滚轴上，一夜之间便完成了拖运数十艘船只这项艰巨的任务。守军们十分惊愕，不知所措。战舰现在可以向金角边那面守卫森严的城墙上开火了。几个小时内，无情的炮火给君士坦丁堡带来了重创，胜利者穆罕默德二世露出了无情的一面。当一群守卫者设法逃离一艘沉船时，穆罕默德二世下令将他们全部刺死。

猫捉老鼠的高风险游戏还在继续，穆罕默德二世命令奥斯曼土耳其人在城市下面埋下地雷。5月16日，基督教士兵听到了地下活动的声音，前往调查。埋雷工兵的出现使得他们高度警惕，在解决了最初的这批敌兵后，他们想出了一个有效的方法来阻止对方的再次尝试。约翰·格兰特是一个在君士坦丁堡找到自我价值的苏格兰人，他建议在城墙周围放置一桶水。水面上的涟漪会立即提醒他们可能出现的敌军埋雷行动，事实证明，它确实有效。

守城者成功地制止了这一拨攻击，但他们却身心疲惫，城墙也被摧毁得不像样子。5月27日，穆罕默德二世做出决定，全力进攻该城。奥斯曼帝国军队无情地轰炸城墙，对其造成了严重的破坏，他们的进攻又快又猛，守城者几乎没有时间去修复破损的城墙。随后，穆罕默德二世下令全军出击。他并不想破坏城市的结构，反而希望君士坦丁堡可以尽可能地保持完整，这样君士坦丁堡就可以成为他的首都。不过，他们可以对城内的人民进行掠夺和奴役。士兵得到了这个承诺后，于5月28日准备、祈祷、休整并敲定战术。

君士坦丁鼓励他的士兵战斗到最后一刻并发誓誓死保卫他们的家园。现在只剩下4000人在守卫着君士坦丁堡——这个人数只有围城开始时的一半。5月29日，经过47天的围攻，攻城者突然发动袭击，越过城墙。守城者掀翻他们的梯子，将他们推下城墙并用热油将其烫伤。奥斯曼土耳其人的两次进攻都被拜占庭人击退了。

但是，穆罕默德二世的新军（基督徒小时候被奥斯曼土耳其人收留并被训练成战士）成功突围了，他们受到的精英训练使其能够在数小时的战斗后翻过墙壁，并在这座城市狭窄的街道上展开肉搏战。这座城市很快被征服了，夜空中充满了尖叫声。当奥斯曼土耳其的士兵涌入君士坦丁堡时，这座城市彻底失守。

君士坦丁十一世脱下紫色皇袍，此时的他看起来只是一个普通的士兵，他喊道："誓与吾城共存亡"并一马当先冲入军阵中，最后战死。拥有一千多年辉煌历史的君士坦丁堡、罗马帝国的最后一处前哨站，最终化为历史的一抹尘埃。

> 君士坦丁堡是拜占庭帝国的最后一处宝地，提醒着我们罗马帝国的军事实力。

接下来发生了什么?

尽管基督徒的目标是在君士坦丁堡沦陷后重夺君士坦丁堡,但这种野心在16世纪破灭了。拜占庭的许多学者都离开了帝国,去寻找新的灵感,向欧洲灌输了大量的学说与文化。君士坦丁堡——更名为伊斯坦布尔——吸引了穆斯林、犹太人和基督教教徒,他们和谐地生活在这座由穆罕默德二世重建的城市中,这座城市在结构和文化上都进行了重组。随着奥斯曼土耳其帝国的衰落,20世纪发生了一些新的变化。第一次世界大战中,伊斯坦布尔被英国、法国和意大利占领,此举导致1923年土耳其共和国成立。

图片所属

15	© Karl Hammer
17	© Alamy; Thinkstock
19	© ThinkStock
30	© Getty Images; Alamy; Thinkstock
33	© Sol 90 Images
40	© Alamy
41	© Alamy
55	© ThinkStock
63	© Sandra Doyle/The Art Agency; Look and Learn; The Ashmolean Museum
71	© Alamy, WIKI, ThinkStock
73	© Sol90 Images
75	© Alamy; Corbis
81	© Thinkstock
91	© Getty; Look and Learn; Joe Cummings
95	© Alamy
101	© Corbis; Alamy
111	© Mary Evans; Look &Learn
119	© Alamy; Look and Learn
125	© Getty Images
135	© Getty
137	© ThinkStock
143	© Alamy
144	© Alamy
145	© Getty Images
147	© Thinkstock
159	© Alamy, Getty Images, Thinkstock
173	© Alamy; Corbis; Getty Images; Joe Cummings; Sol 90 Images
183	© Alamy; Look and Learn; Thinkstock
191	© Alamy
197	© Nicolle Fuller; Corbis
208	© Ian Jackson/The Art Agency
211	© Rex; Alamy; Thinkstock